R. M. Meyer

Die Reihenfolge der Lieder Neidharts von Reuenthal

R. M. Meyer

Die Reihenfolge der Lieder Neidharts von Reuenthal

ISBN/EAN: 9783743418363

Hergestellt in Europa, USA, Kanada, Australien, Japan

Cover: Foto ©Thomas Meinert / pixelio.de

Manufactured and distributed by brebook publishing software (www.brebook.com)

R. M. Meyer

Die Reihenfolge der Lieder Neidharts von Reuenthal

Die Reihenfolge
der Lieder Neidharts von Reuenthal.

.•..

INAUGURAL-DISSERTATION

zur

Erlangung der Doctorwürde

von der

philosophischen Facultät

der

Friedrich-Wilhelms-Universität

zu Berlin

genehmigt und öffentlich zu verteidigen

am 21. Juli 1883

von

RICHARD M. MEYER

aus Berlin.

OPPONENTEN:

Leo Arons, cand. phil.
Otto Pniower, cand. phil.
Adolf Strack, cand. phil.

BERLIN.

Druck von Gebrüder Grunert, Junkerstr. 16.

INHALT.

Capitel I.

Einleitung.

Sicherung des Materials. Litteratur über Neidharts Person und Dichtung. Grundlagen der Chronologie. Die Riedegger Handschrift. Haupt. Schmolke. Schema der Reihenfolge. Perioden.

Capitel II.

Reimgebrauch.

Reimwahl: Neidharts häufigste Reime in den Sommerliedern. Analogien. Neidharts häufigste Reime in den Winterliedern. Resultat. Neidharts auffallende Reime: Archaismen und Fremdwörter. Eigennamen. Auffallende Worte. Vergleich mit den älteren Minnesängern. Rührende Reime. Angelehnte Reime. Flickworte und Flickverse.

Capitel III.

Wortgebrauch.

A. Neidharts Stoffe.

Abstracta. 1. Mythologie. Personificationen. 2. Religion. 3. Frauendienst. 4. Sittenlehre.

Concreta. 5. Personen. 6. Tiere. 7. Natur. 8. Ackerbau und Gewerbe. 9. Haus und Zubehör. Ortsnamen. 10. Kleidung und Schmuck. 11. Teile des menschlichen Körpers. (Bezeichnung des Redners). 12. Essen und Trinken. 13. Fest und Tanz. 14. Staat und Kirche.

B. Die Attribute.

1. Neidharts Beiwörter. 2. Farbangaben. 3. Zahlangaben. 4. Zeitangaben.

1*

Capitel IV.

Technik.

A. Sommerlieder.

1. Natureingang. 2. Uebergang zum Hauptteil. 3. Hauptteil. (Mehr epische — mehr dramatische — rein lyrische Gedichte). Resultat.

B. Winterlieder.

1. Natureingang. 2. Uebergang zum Hauptteil. 3. Hauptteil. (Ursprung der Winterlieder. Tanzlied. Spottlied: mehr episch; nur schildernd. Bitt- und Klagestrophen. Minnestrophen. Weltsüssentöne. Pastourellenartige Gedichte). Resultat. Reminiscenzen aus andern Dichtern.

Schluss.

Die Reihenfolge
der Lieder Neidharts von Reuenthal.

Capitel I.

Einleitung.

Neidhart von Reuenthal nimmt in der Geschichte der
mittelhochdeutschen Dichtung eine hervorragende Stellung ein,
sowohl an sich durch bedeutende Originalität, als auch besonders als Vermittler der beiden grossen Richtungen der
mittelhochdeutschen Poesie: der volkstümlichen und der
höfischen. Eine nähere Betrachtung des Vertreters der höfischen
Dorfpoesie hat daher ihr besonderes Augenmerk auf die Frage
zu richten, wie sich denn eigentlich diese beiden Richtungen
bei ihm vereinigen, namentlich auch, ob seine Stellung zu
beiden sich gleich bleibt oder eine stetige Entwicklung zeigt.
Für die Beantwortung dieser Frage ist natürlich eine wenigstens im Grossen und Ganzen feststehende Chronologie der
Lieder Voraussetzung. Die Aufgabe der vorliegenden Arbeit
ist es, die von Haupt und Schmolke durchgeführte Reihenfolge der Lieder nachzuprüfen, erstens direct, indem wir betrachten, was aus äusseren Beweisen sich für oder gegen dieselbe ergiebt, und zweitens indirect, indem wir aus der so
gewonnenen Ordnung ein Bild der Entwicklung des Dichters
vor allem in Bezug auf jene Frage ableiten und prüfen, ob
dasselbe genügende innere Wahrscheinlichkeit besitzt, um
unsere Chronologie zu stützen.

Der Ordnung der Lieder hat die Sicherung des Materials vorauszugehen. Für dieselbe geschah bei weitem der wichtigste Schritt durch Haupt's Ausgabe (N. v. R., herausgegeben von M. Haupt, Leipzig 58). Vorbereitet war dies Werk durch den vollständigen Abdruck alles unter Neidhart's Namen überlieferten in v. d. Hagen's grosser Sammlung (MSH II. 98 bis 125, III. 185—313, Lesarten III. 667—78, 757—801, siehe auch IV. 753—54 Noten IV. 770—72, 845—52), an dem Wilhelm Wackernagel grossen Anteil hatte, und durch eine Ausgabe der besten Handschrift von G. F. Benecke (Beyträge zur Kenntniss der altdeutschen Sprache und Litteratur II. 1832, siehe darüber Haupt S. VII. Schon vorher hatte Benecke im I. Band der Beiträge S. 290—92 das Lied 40, 13 f. nach der Handschrift R. abdrucken lassen).

Seit Haupt's Ausgabe ist für die Sicherung der Ueberlieferung wenig mehr geschehen, weil nicht mehr viel geschehen konnte. Bruchstücke von zwei Handschriften, die Haupt noch nicht kannte, sind von Keinz und Wieser in Pfeiffer's Germ. XV. 431 f. mitgetheilt worden; sie bieten nichts Wesentliches.

Ein Lied, das Haupt verwarf, hat Paul (in seinen und Braune's Beiträgen II. 557—58) für echt erklärt, wie ich glaube durchaus mit Unrecht. Es handelt sich um die Strophen S. 123—25 V. 1—32, die Liliencron S. 104 und Haupt S. 123 verwerfen. Zunächst ist der Reim hier: mir 125, 29—31 trotz Paul's Widerspruch beweisend, da Neidhart nur leichtere Reimfreiheiten hat, wie das bei den strengsten Reimern erlaubt a : â, ferner e : ê, allenfalls (nach Paul S. 555) überschüssiges n; i : ie aber hat man nicht mehr Recht, ihm zuzuschreiben, als das schon in unechten Neidharten und sonst in dem Volke noch näher stehender Dichtung vorkommende o : ô (Neidhart XIII. Anm. vergl. Weinhold, Bair. Gramm. Berlin 67 S. 80) oder das grob mundartliche ou : û (Jacob Grimm, deutsche Gramm. I. [3] 203). Noch weniger kann der

Beweis aus der verschiedenen Beschreibung des Spiegels an-
gefochten werden. Hier haben wir allerdings wahrscheinlich
bei Neidhart die „getreue Schilderung wirklicher Begeben-
heiten", und die Schnur von Iberne ist auch in einem Gedicht
Neidharts ganz unpassend, der allen Kleiderspott nur gegen
die Dörfer richtet, die Mädchen dagegen wohl geschmückt,
aber nie fremd aufgeputzt schildert: hingegen ist sie vollkommen im Sinne der unechten Neidharte, die solchen Prunk
lieben und den von ihnen mit eingelegtem Elfenbein gezierten
Spiegel doch auch mit entsprechender Schnur schmücken
wollten; es ist eine Nachäffung höfischer Pracht (vergl. Haupt
zu 125, 27, Weinhold Deutsche Frauen II. 281, Alwin Schultz
Das höfische Leben zur Zeit der Minnesinger, Leipzig 79 I.
204, 4).

Ebensowenig scheinen mir die Gründe ausreichend, mit
denen Schmolke (Leben und Dichten Neidharts von Reuental,
Programm des Gymnasiums zu Potsdam, Ostern 75 S. 33)
seine Verwerfung eines von Haupt S. 102, 32 f. aufgenommenen
Gedichts motivirt. Da es nichts enthält, was gegen die Art
des Dichters verstiesse (Haupt S. 243) und andrerseits durchaus nicht an eins der unechten Neidharte erinnert, so darf
man es seiner mangelhaften äusseren Beglaubigung wegen so
wenig ausstossen wie die Lieder 3, 1—9, 12. (Haupt S. 104).

Stärker und noch weiter zu verstärken sind die Gründe,
die gegen ein anderes Lied von Tischer (Ueber Neidhart von
Reuental, Leipzig 72 S. 19) vorgebracht worden sind. Es
ist bedenklich genug, dass nur dies Gedicht N. 3, 1 Refrain
hat, und die Gründe, mit denen Haupt (S. 104) dies Bedenken
zurückweist, erscheinen wohl kaum genügend, wenn man er-
wägt, wie wenig der Refrain ein blos äusserlicher Anhang,
wie sehr er eine nicht nur für das einzelne Gedicht, sondern
selbst für den Dichter charakteristische Erscheinung zu sein
pflegt. Dazu weist das Gedicht 3, 1 noch andere Singulari-
täten auf, so einen Eingang, wie ihn kein sicher echtes Lied

hat, wohl aber das unechte Gedicht L. 6, in 3, 2 ein Bild, das leicht der Stelle 5, 5 nachgebildet sein könnte, und andere. Trotzdem habe ich auch dies Gedicht mit den sicher echten behandelt.

Mir selbst scheinen zwei andere Strophen, gegen die Haupt nichts eingewandt hat (15, 5—20), unecht; doch sind auch meine Gründe für einen wirklichen Beweis nicht stark genug. Die beiden Strophen spielen in einer Weise, wie Neidhart sie erst ganz spät annimmt, (71, 8 f. und in einer einzigen Zeile 84, 7) mit den Worten liep und vriunt; zu dem Frühlingslied, in dessen Ton sie gedichtet sind, stehen sie keinesfalls in Beziehung, da dies jene Worte nicht einmal enthält. Es wären also Einzelstrophen didactischer Art, wie der Dichter sie sonst nie hat. Dass er solche nicht einmal verfasst haben sollte und zwar im Alter, in dem er sowohl zu lehrhafter Betrachtung als auch zu höfischer Wortspielerei mehr neigt, kann nicht bewiesen werden, und die Aufnahme eines älteren Tons hat nichts Unwahrscheinliches. Somit darf man die Strophen nicht gerade ausstossen, noch weniger aber, weil sie ganz vereinzelt dastehen, aus ihnen Schlüsse für Neidharts Dichtung ziehen.

Im Einzelnen hat ausserdem Paul (a. a. O. 555—60) eine Reihe von Emendationen zu Haupt's Text vorgeschlagen, von denen mir nur wenige berechtigt scheinen; ich habe mich aber in der Arbeit durchweg, wie meine Vorgänger, an Haupt's Text gehalten und selbst die von ihm als „vielleicht echt" bezeichneten Strophen (S. 214, 1—8; 220, 11—30; 230, 1—9; 236, 1—14; 240, 1—20; 241, 1—20) ausgeschlossen. —

Die Litteratur über Neidhart, soweit sie für die Reihenfolge der nun gesicherten Lieder wichtig ist, zerfällt in zwei Gruppen: Schriften, die mehr der Person des Dichters, und solche, die mehr dem Inhalte seiner Poesie gelten; es versteht sich, dass diese beiden Classen sich nicht streng ausschliessen.

Auf die festen Punkte, die zur Bestimmung von Neidharts Leben dienen konnten, hatte zunächst Uhland (Walther von der Vogelweide, Stuttgart 22. S. 100) hingewiesen. Alsdann stellte Wackernagel (in MSH IV. 435 — 42), des Dichters Lebensbild in allem Wesentlichen fest, in manchen Punkten noch durch die unechten Lieder irregeführt, in vielen schwankend, in den meisten mit sicherer Hand das Richtige treffend. Einige seiner Irrtümer berichtigte Liliencron, der in seiner hauptsächlich der Characteristik von Neidharts Dichtung gewidmeten Arbeit (Ueber Neidharts höfische Dorfpoesie in Haupt's Ztschr. VI. 69, 117) zu wichtigen Kriterien für die Scheidung des echten und unechten gelangte.

Auf diese Grundlage stellte dann Moriz Haupt die wichtigste Arbeit, seine Ausgabe Neidharts, die natürlich auch für die Biographie des Dichters die meisten Daten erst vollkommen sicherte. Den Beschluss machte die fleissige Arbeit Schmolkes, die die übrigen Forschungen in dankenswerter Weise ergänzte, hier und da auch berichtigte. Was in andern, meist mehr der Dichtung als der Lebensbeschreibung Neidharts geltenden Arbeiten für diese Wichtigeres noch geleistet worden ist, werde ich, soweit es mir bekannt, an den einzelnen Stellen erwähnen. —

Für den Inhalt sind zuerst mehrere Arbeiten Müllenhoff's wichtig, die das Verständniss dieser eigenartigen Poesie eröffneten, indem sie den engen Zusammenhang der höfischen Dorfpoesie mit den uralten Tanzliedern des Volkes nachwiesen und im Einzelnen für deren Entstehung überhaupt wie für die wichtigsten Motive die Stellung innerhalb einer ununterbrochenen Tradition, die sich von den ältesten Zeiten bis auf die Gegenwart fortgepflanzt hat, belegten.

Zunächst in der Einleitung zu den Sagen, Märchen und Liedern der Herzogtümer Schlewig-Holstein und Lauenburg. Kiel 45. Hier werden die alten Tänze XXI f. characterisiert, der den Reien entsprechende Springeltanz

speciell XXIII., während der Trümmekentanz XXII. den Winter-
tänzen näher stand, doch aber ihnen nicht so ähnlich gewesen
zu sein scheint wie der Springeltanz den Reien. Weiter wird
der Zusammenhang der ältesten Lyrik mit diesen Tänzen XXV.
gezeigt und endlich XXVI. auf den Anschluss an diese Volkslieder vor allem bei Neidhart aufmerksam gemacht, aber auch
bei Morungen, bei dem man das später gar nicht mehr beachtet hat, und bei Walther, für den diese Auffassung erst
ganz neuerdings durch Burdach's Arbeit wieder durchgesetzt
worden ist, während man bis dahin die Verschiedenartigkeit
der betreffenden Lieder Walther's von seinen eigentlichen
höfischen Minneliedern statt durch volkstümliche Vorbilder
lediglich durch eine niedere Minne erklärte. — Ausführlich
sind diese Entdeckungen dann verarbeitet in der Abhandlung:
De antiquissima Germanorum poesi chorica, Kiel 47, wo über
die alten Frühlingsfeste insbesondere S. 6 f., über den Tanz-
gesang S. 11, über die noch lebendigen Ueberreste der bei
den Maiumzügen gesungenen Lieder S. 22, über die ältesten
uns erhaltenen Beispiele derartiger Lieder dagegen S. 31 gehandelt wird. Ein noch genauer stimmendes Beispiel eines
alten Volksliedes von der Art derer, die Neidhart nachahmte,
entdeckte Müllenhoff (unabhängig von Uhland s. u.) in einer
seit dem 10. Jahrhundert auf Island gesungenen Strophe
MSD² S. 364.

Ein anderes, gewiss altes Tanzlied, aber weniger den
Liedern Neidhart's ähnlich als den Kinderliedern, wie sie noch
jetzt zu Ringelreihen gesungen werden, glaubte Martin Haupt's
Zeitschrift XX. 47 in der Strophe 129a. der 6 B. sehen zu
sollen (vergl. zu derselben Uhland Schriften III, S. 467 Anm. 29).

Schon etwas früher war Uhland zu demselben Ergebniss
gelangt. Er handelt in der Abhandlung über das deutsche
Volkslied (Schriften III., nach Pfeiffer Vorwort X. 1836—42
verfasst, aber erst 1866 herausgegeben) eingehend über das
Verhältniss des volkstümlichen Gesanges zum Minnesang, und

auch die nächststehenden Analoga der Volkspoesie (besonders aus Neocorus, auf den auch Müllenhoff sich vorzugsweise stützte) werden hier nachgewiesen. Ueber Neidhart speciell handelt Uhland besonders S. 391 f., vor allem 396 f.: alt-französische, niederländische und dänische Analogien im Volks-gesang S. 396 Anm. 60—62, das altisländische Lied von Ingolf S. 397 Anm. 66. Aber Uhland's Arbeit ist erst viel später (nach Haupt's Ausgabe) erschienen, so dass sie auf die Forschung über Neidhart's Dichtung keinen Einfluss üben konnte, Müllenhoff's Arbeit dagegen, von der Uhland's also unbhängig wurde, soweit sie unsern Dichter betraf, von Lilien-cron fortgeführt, der diese Gedanken scharfsinnig ins Specielle ausarbeitete und daraus für Neidharts Dichtung wie für seine Lebensbeschreibung wichtige Anhaltspunkte gewann.

Nach Haupt's Arbeit ist dann auch in dieser Hinsicht nicht mehr viel geleistet worden. Ein Aufsatz von C. Schroeder (Die höfische Dorfpoesie des Mittelalters, in Gosche's Jahr-büchern für Litteraturgeschichte B. I., Halle 65. S. 45—99) stellt die Eigentümlichkeiten der höfischen Dorfpoesie mit einem kurzen Blick auf Neidharts Nachahmer zusammen: er enthält wenig Neues, ist aber klar und übersichtlich und nichts von Wichtigkeit fehlt. Ganz unbrauchbar ist dagegen ein Aufsatz von O. Richter (Neidhart von Reuental als Haupt-repräsentant der höfischen Dorfpoesie, Neues Lausitzer Ma-gazin B. 45, 1869, S. 321 ff.): eine „populäre" Darstellung der schlechten Gattung, in der alles Positive aus Schroeder's Arbeit genommen ist, oft mit groben Missverständnissen, und die sonst nur leeres Gerede enthält. Die Dissertation von Tischer bringt im ersten Teil eine gute Charakteristik von Neidhart's Dichtung, dann interessante Beobachtungen über die Form, und drittens eine Erörterung über das Ver-hältniss von Neidharts Reien zu den Pastourellen; sie ist klar geschrieben und fördert unzweifelhaft das Verständniss Neidharts.

Von andern Besprechungen will ich hier nur die Dissertation von Rudloff (Untersuchungen zu Meier Helmbrecht, Rostock 78) erwähnen, unter denen der Litteraturgeschichten die anschauliche (wenn auch nicht von Irrtümern freie) von Gervinus; Holland's Darstellung (Geschichte der altdeutschen Dichtkunst in Bayern, München 62) ist nirgends zu gebrauchen. Dagegen ist die Schilderung von G. Freytag in seinen Bildern aus der deutschen Vergangenheit (G. Freytag, Vom Mittelalter zur Neuzeit, Bilder aus der deutschen Vergangenheit II. Leipzig 74, N. A. S. 47 f.) ein ebenso treffliches Muster einer populären Darstellung im besten Sinne, wie die von Richter eins des Gegenteils. Dies klare und fesselnde Bild beruht auf genauester Kenntniss, und mehrere Fragen, auf die ich in den andern Arbeiten bald gar keine, bald offenbar falsche, bald doch nur teilweise genügende Antworten gefunden habe, fand ich hier wie mit spielender Leichtigkeit gelöst. Endlich die Stellung von Neidharts Liedern in der Weltlitteratur hat Gosche (Idyll und Dorfgeschichten im Altertum und Mittelalter in seinem Archiv für Litteraturgeschichte I. 1870 S. 167—227 in einem schönen Aufsatze erörtert. —

Wir sind in der glücklichen Lage, für die Chronologie der Lieder bei unserem Dichter uns auf festerem Boden zu bewegen als bei den meisten Minnesingern. Haupt, der in seiner Ausgabe Sommer- und Winterlieder geschieden hat, hielt sich für die Winterlieder bei den österreichischen an die Reihenfolge der besten Handschrift R., trennte davon die offenbar bairischen, stellte die zweifelhaften in die Mitte und wich auch bei diesen beiden Classen nicht ohne besondere Ursache von der Folge jener Handschrift ab, für deren Ordnung zahlreiche Gründe sprechen; auch unsere Nachprüfung wird dies Ergebniss im wesentlichen bestätigen. Von vornherein ist dies ja nichts Unwahrscheinliches, da chronologische Folge der Lieder in verschiedenen Liederbüchern bewiesen ist. (Wackernagel, Litteraturgeschichte [2]

70,26, Scherer, Deutsche Studien II, 448 und 474 u. a.)
Für die Reien dagegen lässt sich die Folge der Riedegger
Handschrift nicht aufrecht erhalten; zwei der unzweifelhaft
spätesten stehen dort gleich am Anfang (N. 31,5 = R. 8.;
N. 32,6 = R. 10; richtiger N. 33,15 = R. 55), zwischen
beiden eins der allerfrühesten (N 9,13 = R. 9), die Kreuzlieder sind auseinandergerissen (N. 11,8 = R. 12, N. 13,8
= R. 19, N. 14,4 = R. 49, 14—15) u. s. w. Diese
Zerrüttung ist vielleicht so zu erklären, dass die Sammlung
ursprünglich nur die Winterlieder umfasste; denn dass diese
viel mehr Anklang fanden als die Reien, zeigt die unechte
Dichtung deutlich, und dass auch Neidhart selbst sich mehr
und mehr den Reien ab- und den Winterliedern zuwandte,
werde ich zu zeigen haben. Auch die Begründung meiner
Vermuthung, dass die Reien in Riedegger fast alle erst
nachgetragen seien, verschiebe ich, bis ich sie durch die
unsere Chronologie voraussetzende Zerlegung der einzelnen
Gruppen, in die diese Handschrift zu zerfallen scheint, stützen
kann. Diese Vermuthung übrigens würde auch erklären,
weshalb bei fast vollständiger Sammlung der Winterlieder
in der Riedegger Handschrift (von den von Haupt aufgenommenen fehlen in R. bloss 57, 24; 65, 37, 102, 32,
ausserdem mehrmals einzelne Strophen) dort so viele Reien
nicht stehen. (N. 3,1—9.12 siehe Haupt S. 104, und viele
überhaupt verlorene Reien siehe unten). Wenn aber die
Chronologie dieser Handschrift für die österreichischen
Lieder sich als noch genauer herausstellt als für die bairischen,
so erklärt sich dies leicht daraus, dass die Sammlung in
Oesterreich veranstaltet wurde. Denn das erste Lied der
Riedegger Handschrift 75,15 ist ein Gedicht, in dem Neidhart in interessanter Weise einen neuen Anlauf nimmt, was
man leicht daraus herleiten möchte, dass in der neuen
Heimat ihn neue Vorbilder oder auch bloss die freudige
Stimmung, die seine ersten österreichischen Lieder verraten,

neue Wege versuchen liessen. Das zweite 73,24 ist bestimmt
eins der ältesten in Oesterreich gedichteten. Ebenso sind
auch die beiden ersten Reien in R. 31,5 = R. 8 und 32,6
= R. 10 ausser den Einzelstrophen 30,36 die ältesten in
Oesterreich verfassten Sommerlieder, wie sich herausstellen
wird. Dass sich der Fundort der Handschrift in Oesterreich
befindet, wage ich nicht in Anschlag zu bringen, da ich ihre
Vorgeschichte nicht kenne. Dessen bedarf es aber auch
nicht: 75,3 ist ganz klar unmittelbar nach der Ankunft in
Oesterreich gedichtet und im zweiten Ton der Handschrift.
Da Neidhart zuletzt weniger als früher, vielleicht schliesslich
gar nicht mehr seine Lieder selbst vorgetragen zu haben
scheint (er braucht das Wort „singen" anfangs fast stets
in der Bedeutung „vortragen", später so, dass die Bedeutung
„dichten" immer möglich, meist aber geboten erscheint), so
könnten die spätesten Lieder direct in das Liederbuch ein-
getragen sein, und auch die in den österreichischen Winterliedern vorkommenden offenbaren chronologischen Unrichtig-
keiten wären aus Verderbnissen der Ueberlieferung (da R.
selbstverständlich die Originalhandschrift nicht ist) zu
erklären.

Wie das nun aber auch sei, jedenfalls ist man für die
Reien und die bairischen Lieder auf andere Grundlagen der
Chronologie angewiesen, da von den schlechteren Handschriften auch hierin keine die beste übertrifft. Haupt hat
hier nur den am meisten charakteristischen Gedichten eine
bestimmte Stelle angewiesen, sonst nur die bairischen und
die österreichischen Lieder, wo eben ihre Herkunft siche-
war, zusammengestellt und die, deren Ursprungsland zweifelhaft war, mit den wahrscheinlich bairischen zusammengeordnet
(Haupt S. 104).

Eine weitere Bestimmung der Reihenfolge, verbunden
mit der Frage, welche Sommerlieder etwa mit bestimmten
Winterliedern gleichzeitig seien, hat Schmolke versucht und,

wie ich glaube, so glücklich durchgeführt, dass nur bei
wenigen Gedichten noch Zweifel über ihre zeitliche Stellung
sein kann, die Perioden wenigstens, denen die einzelnen
Lieder angehören, feststehen. Ich brauche die Gesichts-
punkte, die ihn dabei geleitet haben, hier nicht zu wiederholen; nächst einer ästhetisch-chronologischen Klassifikation,
die er mit Recht nur da angewandt hat, wo ganz klare,
objective Verschiedenheiten vorliegen, hat er nach Haupt's
Vorgang besonders die Lieder vereinigt, in welchen bestimmte Hauptfiguren von Neidharts Dichtung vorkommen.
Die sichersten Handhaben bietet dabei das Vorkommen jener
drei Hauptpersonen, Jiute, Engelmar und Vriderun; denn
hier handelt es sich um ganz bestimmte Persönlichkeiten
und hier ist ein wirkliches Fortschreiten in Neidharts Verhältniss zu ihnen deutlich sichtbar. Nur unsicher sind dagegen andere Figuren in den Liedern zu verfolgen, da selbst
der (nächst Engelmar) am meisten hervortretende Dörper in
bairischen sowohl als in österreichischen Liedern genannt
wird (Lanze N. 35, 23 f, 66,37—80,39, 81,2, siehe Haupt zu
66,37). Ein Argument, das allein genügte, bilden solche
Namen also nicht: wo dagegen in zwei auch sonst als nicht
weit auseinanderliegend zu erkennenden Liedern derselbe
Name vorkommt, berechtigt dies so gut wie andere Anspielungen aus einem Lied auf das andere (z. B. die rüebe
N. 43,4 und 43,23, siehe Haupt zu 43,23. Schmolke S. 18,
anders Schmolke S. 15 u. s. w.), sie zusammenzurücken.
Dazu kommen ferner Klagen über Alter und langen Dienst,
die zu einer biographischen Bestimmung nicht ausreichen,
wohl aber zu einer relativen Zeitangabe für das Gedicht,
endlich in einigen Liedern deutlich der dort jugendfrische,
hier lebensmüde Ton. Stimmt nun dies alles so gut zusammen und wird es durch das daraus hervorgehende Bild
von Neidharts Entwicklung in Leben und Dichten noch
ferner so viel wahrscheinlicher gemacht, wie dies der Fall

ist, so darf man wohl die einzelnen Gruppen wenigstens als
feststehend ansehen; freilich, welches Lied wieder innerhalb
derselben älter oder jünger sei, wird selten zu bestimmen
sein und ist auch von geringerer Bedeutung, weil ja doch
nur da, wo Fortschritt oder Rückschritte merkbar sind, die
Chronologie für die Betrachtung der Gedichte Wert hat.

Schmolke widerspricht Haupt nur in wenigen Punkten:
in der Stellung von N. 38,9 und einigen anderen vor der
Spiegelgeschichte liegenden Winterliedern sowie besonders in
der Einordnung der Kreuzlieder S. 14—15, ferner in der
(unsichern) Anordnung von 69,25, 62,34 und 57,24 und in
der Verschiebung 26,23—28,1, wo ich Haupt's Ordnung
wiederhergestellt habe. Sonst weiche ich von ihm noch in
folgendem ab: er hat die ältesten Reien nicht weiter geschieden, während mir einer davon (9,13) sehr deutlich älter
als die anderen und ungefähr gleichaltrig nur mit einem
zweiten, dem auch er einen gesonderten Platz angewiesen
hat (16,38), zu sein scheint; von zwei anderen (5,8, 15,21)
scheint mir möglich, aber nicht nötig, dass sie unter den
übrigen Reien die ältesten sind. All dies habe ich auf die
Betrachtung der poetischen Technik gestützt, die ich folgen
lasse. Wir erhalten so folgende Tabelle, deren Ordnung
ich in meiner Arbeit befolgt und gerade dadurch weiter zu
beweisen versucht habe:

Reien.	Winterlieder.
Bairisch	
Erste Lieder 9,13 16,38	
15,21? 5,8?	
3,1—8,12 10,22 11,7	
14,4	38,9 39,30
Jintel 18,4 12,7 20,38	35,1 36,18
Kreuzfahrt 11,8 12,19 13,8	44,36 46,28
Heirat 21,34 22,38 24,13	41,33 42,34 43,15
Vriderun 25,4	40,1 46,1 49,10

Reien.		Winterlieder.
Der Spiegel 26,15		
26,23 28,1 28,36		50,37 52.21
		53,35 55,19 57,24
		58.25 59.36 61,18
		64.21 67.7
Bairisch oder österreichisch		
29,27		69,25 62.34 57,24 65.37
Oesterreichisch		
30,36		71,11—92,11 97,9 95,6 99,1
Der Kaiser ersehnt: 31,5		101,20
Einfall von 1236: 32,6		
Neidhart bei Eberhart:		102.32
Letztes Lied: 33,15		

Haben wir damit nun die Reihenfolge der Gedichte, so gilt es, die Perioden der Entwicklung des Dichters abzugrenzen. Der Verfall nun tritt ganz plötzlich mit der Geschichte von Frideruns Spiegel ein, deren Bedeutung Neidhart selbst immer wieder hervorhebt und die sich in der That als der wichtigste Abschnitt in seinem Leben und seiner Dichtung herausstellt. Man könnte nun freilich fragen, wie ein scheinbar so ganz unwichtiges Ereigniss für den Dichter so bedeutend werden konnte: der Bauer Engelmar reisst Friderun, der Geliebten Neidharts, den Spiegel von der Seite und dies erklärt der Dichter selbst für den Beginn einer Epoche der Trauer im Gegensatz zu seiner heiteren Jugendzeit. Man versuchte eine allegorische Auffassung, die aber wohl als missglückt anzusehen ist. Ich meine, der Vorgang habe seine Bedeutung darin, dass er dem Dichter eine wichtige Thatsache plötzlich offenbart. Welche aber? dass Engelmar ein Tölpel ist? gewiss nicht, sondern dass die Art, wie die Geliebte des Dichters die Zudringlichkeit des Dritten aufnimmt, beweist, dass dieser längst zu einem glücklichen Nebenbuhler geworden ist (vgl.

2

Freytag, Bilder II. 50). Und das macht die Wirkung des Ereignisses denn doch erklärlicher! — Der Beginn der Blütezeit (die überhaupt nur der in künstlerischer Vervollkommnung fortgeschrittenste Teil von Neidharts aufsteigender Lebenshälfte ist) kann natürlich nicht ebenso auf ein einzelnes Ereigniss zurückgeführt werden; ungefähr umfasst sie die Gedichte nach der Kreuzfahrt und vor der Spiegelaffaire.

Endlich die beiden ältesten Reien vertreten die Zeit, in der unser Dichter noch lernte, noch völlig unselbstständig nach der Manier Anderer dichtete. Dass Winterlieder aus dieser Zeit verloren sind, ist nicht anzunehmen; viel wahrscheinlicher ist es, dass er diese Gattung erst zu pflegen begann, als seine dichterische Reife schon einen bestimmten Grad, eine ziemliche Höhe sogar erreicht hatte. Eher mögen Reien aus der späteren Zeit verloren sein, aus der letzten aber schwerlich viele, da sich in seiner Dichtung das Hauptgewicht mehr und mehr auf die Seiten legt, die in den Frühlingsliedern weit weniger zur Entfaltung kommen als in den Winterliedern, und sein letztes Sommerlied beinahe ganz den Charakter der letzteren zeigt bei deutlicher Bemühung, den Ton der Reien wiederzufinden. Neidhart selbst giebt 83,24 an, achtzig neue Weisen der Welt gesungen zu haben, ein wahrscheinlich unechtes Lied Haupt S. 220, 22 bis 23 giebt gar hundert und vier an und noch neun andere, die noch nicht zum Vortrag fertig gestellt seien, und noch eine Tageweise! Die letztere Angabe hat natürlich gar kein Gewicht; hundert und vier ist aus zwei formelhaften Zahlen zusammengesetzt, dagegen ist achtzig, wenn auch natürlich hier runde Zahl, keine Zahlenangabe von formelhaftem Charakter, und Haupt's Ausgabe umfasst sechzig bis siebenzig Lieder. —

Capitel II.

Reimgebrauch.

Dass die im ersten Capitel abgegrenzten Perioden wirklich
zu unterscheiden sind, genauer gesagt, dass Neidhart's Blütezeit
deutlich heraustritt und wir wirklich nach dieser Reihenfolge
der Gedichte eine stetige Entwicklung finden, wird, wie ich
hoffe, die Uebersicht über Neidharts dichterische Entwicklung ergeben. Hier will ich diese Ordnung noch durch
ein rein objectives Kriterium prüfen und stützen, durch die
Betrachtung des Gebrauches der Reime. Von einer Prüfung
der Reinheit der Reime in den verschiedenen Perioden sehe
ich dabei ab, da sie schwerlich viel ergeben würde.

Dass bestimmte Reime besonders häufig vorkommen,
ist für die mittelhochdeutsche Dichtung wie für die neuhoch-
deutsche natürlich schon längst beachtet worden. An einer
allgemeinen Betrachtung über solche Lieblingsreime aber
fehlt es leider. W. Grimm's Geschichte des Reims (Zur
Geschichte des Reims, in den Abhandlungen der Königlichen
Akademie der Wissenschaften zu Berlin 51. S. 521—714)
enthält hierüber nichts, Cl. Fr. Meyer's Geschichte des
deutschen Reims nur sehr geringe Andeutungen. Systematische Beobachtungen über die Reimwahl regte zuerst
Scherer an („auf Reimnot und Reimreichtum, welche Wörter
an gewisse Versstellen passen und dgl., ist in der mittelhochdeutschen Poesie noch wenig geachtet." D. St. II. 497),
wie er auch selbst zuerst ein Beispiel derselben gab
(Geistliche Poeten der Kaiserzeit I. Q. F. I. S. 35—37, u.
a. a. O. II. 495—505 s. u.). Das Alter einzelner derartiger
Reimpaare hat dann Henrici zu bestimmen versucht
(E. Henrici, zur Geschichte der mittelhochdeutschen Lyrik,
Jena 76: frowen : scowen S. 27, wip : lip S. 28, minne : sinne
S. 68.), aber seine Angaben ruhen nicht auf genügendem

2*

Material, um zuverlässig zu sein (vgl. Steinmeyer's Recension,
Anzeiger für deutsches Altertum II, 138 f.); dagegen hat
Bock ein einzelnes Reimpaar sehr sorgfältig durch zahlreiche
Dichtungen verfolgt (L. Bock, Wolfram's von Eschenbach
Bilder und Wörter für Freude und Leid, Strassburg 79
[Q. F. 33.] S. 53 f.: riuwe : triuwe.). Für die Minnesinger
speciell hat wieder zuerst Scherer (Deutsche Studien II, 495·
bis 505), dann Erich Schmidt (Reinmar und Rugge S. 84
bis 86, vgl. Bock S. 62) eine lehrreiche Uebersicht besonders
beliebter Reimpaare gegeben; endlich über die Lieblingsreime eines einzelnen Dichters hat wieder Bock in anregender
Weise gehandelt (Bock a. a. O. S. 52 f. über Wolfram's
Lieblingsreime). Er scheidet zwischen solchen Fällen, in
denen beide Reimwörter zugleich durch eine typische Ge-
dankenassociation verbunden sind, und solchen, bei denen
zwischen Reim und Sinn kein Zusammenhang besteht (Bock
S. 52 und 54,1. Typische Reime für Schlachtbeschreibungen,
siehe Lichtenstein, Einleitung zu Eilhart von Oberge, Strassburg 77 [Q. F. 19] S. CLIII: für Naturschilderungen bei
Winterstetten s. u.), eine Scheidung, die mir durchaus notwendig
scheint.

Man kann aber bei solchen Reimpaaren nicht stehen
bleiben, sondern muss zu dem Begriff der Reimgruppen
übergehen. Denn solche im Reim häufige Worte werden
überhaupt in den Gedichten oft gebraucht und so erscheint
oft eins von ihnen an einer Stelle, wo das andere nicht im
Reim darauf verwendet werden kann, und das beliebte Reimwort zieht dann ein neues Wort in den Reim. Auch lässt
das an diesen Klang nun einmal gewöhnte Ohr besonders
leicht zu Reimen gleichen Ausgangs greifen. So kommt
es, dass, wo einmal ein Lieblingsreim sich findet, auch andere
Reimpaare mit demselben Ausgang häufiger und, wo er vermieden wird, seltener sind. So hat schon Erich Schmidt
seine Betrachtung über die Benutzung eines Reimpaares

durch Herbeiziehen ähnlicher Reimpaare erweitert. In sehr interessanter Weise handelt Minor (Die Lieder und Leiche des Schenken Ulrich von Winterstetten, Wien 82. S. VI. f. S. XIII.) über derartige Reimgruppen. Er spricht hauptsächlich über jene Reime, die durch den Sinn zusammengehalten werden, so dass „jedes Motiv seinen typischen Reim und jeder Reim sein typisches Motiv hat"; seine Absicht ist dabei, die Inhaltslosigkeit und Gedankenarmut der betreffenden Gedichte ihrer ausserordentlichen Formgewandheit gegenüber darzulegen, während ich hier zeigen will, wie Neidhart, weit über Winterstetten's leerer Künstelei stehend, von diesen allzuhäufigen Reimen sich bewusst zu befreien sucht.

Ich stelle zu diesem Zweck zunächst aus Neidharts Sommerliedern die wichtigsten Reimgruppen zusammen, das heisst alle diejenigen, die durch absolute oder relative Häufigkeit bei ihm auffallen. Diejenigen Reime, in denen keins der Schlagwörter vorkommt, welchen die Gruppe eigentlich ihre Bedeutung verdankt, habe ich eingeklammert:

wac : tac 6,17 : 18, (hagen : sagen 8,4 : 5); mac : tac 12,16 : 17; tage : trage 21,34 : 35; (gedagt : widersagt 23,31 : 32) . . . . . (sagen : klagen 30,5 : 7); (verklagen : tragen 32,3 : 4); (tragen : sagen 32,33 : 34).

machet : lachet 15,19 : 20; erlachet : gemachet 19,17 : 18; geschach : jach 21,8 : 9; swachest : machest 23,39 : 40 . . . . sprach : ungemach 30,8 : 9; machen : lachen : sachen : geswachen 32,18—20 : 23.

tal : schal 4,31 : 32; ebenso 6,19 : 20; alle : schalle 5,11 : 12; nahtegal : schal 8,16 : 19; sal : val : tal 14,36 : 38 : 39; verstal : tal 20,31 : 33; schal : überal 22,3 : 4; nahtegal : erhal 23,13 : 14; smal : tal : bal 25,6 : 8 tal : val : hal 25,11 bis 13; val : zal : nahtegal 26,37 : 38 : 27,2; verhal : al : tal 27,35 : 36 : 38; tal : zäl 28,32 : 33; schal : hal 28,38 : 39; bal : tal 29,23 : 24; mal : tal 30,29 : 31.

sanc : klanc 9,32 : 33; (gedanc : ranc 10,17 : 18); spranc:

lanc 7,6 : 7: sanc : spranc 7,16 : 17; lange : gesange 13,8 : 9; getwanc : sanc 14,16 : 17; ganc : gesanc 18.28 : 29: gesanc : lanc 19.20 : 22: danc : sanc 11,19 : 20; . . . . . . sanc : twanc 30,32 : 30; (swanc : twanc 32,9 : 10).

lant : verswant 9.20 : 21: gewant : hant : genant 3,4 : 6; gesant : lant 5,10 : 13: vant : gewant 6.11 : 12: zehant : hant 8,9 : 10; zehant : gewant 11,3 : 4: gewant : rant : lant : 18,7 bis 9; gesant : hant 23,1 : 2 . . . . — lande : wande 31,10 : 11.

gar : war 5.20 : 21: ebenso 6,3 : 4: gevar : war : dar 14.20 : 22 : 23: schar : gar 20,21 : 23: dar : schar 22.17 : 18: offenbâr : hâr : schar 24,30—32; schar : wâr 26,4 : 6: schar : dar 31,27 : 28.

gân : stàn : lân 3,18—20: hân : wân 7,1 : 2; wân : getân 15.5 : 7: âne : wolgetâne 15,37 : 39: zergân : an 25,35 : 37: wolgetân : hân : dan 27,11 : 12 : 14.

stât : wât 5,9 : 10: tât : wât 5.22 : 25; rât : wât 8.1 : 2; stât : wât : tât 10,29—31: lât : rât 14.9 : 10: rât : tât 15,13 : 15: hât : stât 15,30 : 32: wât : stât : lât 18.13—15: stât : rât : wât : hât 20,38 : 39 : 21,1 : 2; bestât : rât 13.2 : 3: râte : spâte 22.26 : 27; wât : rât 22,31 : 32 . . . . tât : Wierât : stât 27,5 : 6 : 8: stât : tât 29,36 : 38: tât : gât 33,26 : 27.

ê : klê : wê 4.33—35: snê : wê 5,16 : 19: ê : klê 7,11 : 14: snê : wê 11,30 : 31: stê : wê 12,9 : 10: snê : wê 13,5 : 6 . . . . klê : ê : wê 26,25 : 26 : 28.

(verhêret : gemêret 17,4 : 5): (hêre : sêre 4,26 : 27); lêren : êren 5,35; lêre : êre : mêre 6,31—33; êren : hêren : lêren 21,24—26: mêre : êre 23,15 : 16 . . . . . . mêret : sêret 30,18 : 19: lêren : mêren : êren : verkêren 33,3 : 4 : 5 : 8: êre : lêre : mêre 33,15 : 18 : 21.

heide : ougenweide 17,9 : 10: ebenso 4,1 : 2; (beide : leide 8,5 : 6): heide : ougenweide 15.21 : 23; ebenso 17,9 : 10: heide : beide : scheide 11,8 : 11 : 14: leide : beide : scheide 21.38 : 22,1 : 2: heide : ougenweide 22,38 : 39: ougenweide : heide 24,18 : 19: ebenso 25,25 : 26: heide : kleide 34,6 : 7.

meit : geseit 6,24 : 25; geleit : treit : leit 11,5—7; geseit :
treit 15,17 : 18; leit : geseit : meit : sicherheit 21,20—23;
(arebeite : breite 11,32 : 35) . . . . . leit : eit : treit 27,29 :
30 : 32.

meien : reien 6,13 : 14; meien : reien : leien 6,21—23;
leien : zweien : reien 15,25 : 26 : 28; meie : reie 19,9 : 11;
(leien : zweien 13,18 : 19); meie : geschreie : reie 22,7—9:
zweien : reien 26,8 : 9; (zweien : geheien 27,9 : 10); meien :
zweien 28,6 : 7; reien : meien 28,20 : 21; geschreiet : gereiet
29,3 : 4; meien : reien 29,33 : 34; meie : leie : geschreie 31,5 :
6 : 9; meie : leie : schreie : heie 32,12—16 : 17.

veile : teile : heile : geile 9,31 : 34—36; geile : heile
3,15 : 17: teile : geile 8,22 : 23; geil : heil 12,30 : 31 . . . .
Dann nicht mehr.

hin : sin 5,34 : 37; hin : in 8,32 : 35; hin : bin 10,37 : 38;
hin : gewin : in : hin 21,27—30; bin : sin 23,37 : 38 . . . .
Dann nicht mehr.

springen : bringen 3,1 : 3; springen : singen 4,8 : 10;
springen : singen : gelingen 6,26—28; ringen : singen : erklingen
13,25—27 . . . . singen : erklingen 26,29 : 30; gedingen : geringen : singen 31,15 : 16 : 19; bringet : geringet :
springet : gelinget 32,6—7 : 11; gesingen : ungelingen : geringen 33,22 : 25 : 28.

minne : küneginne : sinne : gewinne 9,37 : 10,1—3 ; sinne :
minne 17,31 : 33; sinne : minne 3,8 : 10; minne : sinne : hinne
16,26 : 27 : 29; meisterinne : minne : gewinne 11,36 : 12,1 : 4
. . . . sinne : inne 30,10 : 11.

kint : wint 5,14 : 15; kint : sint 6,5 : 6; ebenso 6,29 : 30;
linden : vinden 7,13 : 18; wint : kint 7,35 : 38; kinden : linden
8,25 : 26; vinden : linden : kinden 15,33 : 34 : 36; kint : sint
20,11 13; kinden : erwinden : linden 21,3 : 5 . . . . . kinden :
linden 28,9 : 10.

richen : wichen : strichen 9,22 : 24; riche : sicherliche
3,22 : 23; richen : sicherlichen 5,23 : 24; richet : strichet

19.7 : 8: (wunneclichen : tichen 19.19 : 21): (endelichen : sicherlichen 12,12 : 15 : 18): richen : strichen 13.20 : 21: (unverwendiclichen : strichen 22.19 : 20): richen : tichen 25.15 : 16: (wünneclichen : tichen 25,31 : 32): rich : wünneclich 28.11 : 12: (wünneclich : lobelich 29.31 : 32).

vogelin : schin 6.9 : 10: (schine : Jinteline 19.39 : 20.2): sin : schin : min : Kin 21,13—16; vogelin : min 11,16 : 17; min : sin 11,37 : 38: sin : min 12.20 : 21: min : sin 12.37 : 38; Kine : mine : pilgerine 13.30—32: (sin [Infinitiv] : magedin 23,25 : 26) . . . . . sin : hinselin 25,37 : 39: sin : tohterlin : din 27,17 : 18 : 20: min : sin 29,17 : 18.

wiben : beliben 16,18 : 19: wibe : schibe 13,38 : 39 . . . . . lip : wip 28,18 : 19; wibe : libe 29,15 : 16.

gris : ris 4,36 : 37; grise : ise 6,1 : 2: rise : wise 6,7 : 8; wisen : brisen : grisen 7,3—5; grise : rise 20,14 : 18; prise : wise 25,17 : 18; risen : wikisen 25,39 : 26,1; wise : prise : lise 31,20 : 21 : 24.

zit : strit 14,24 : 25; zit : git : sit 24,15—17; zit : git 26,12 : 14; zit : git : lit 26,31 : 32 : 34; zit : git 31,18 : 19; ebenso 32,15 : 16.

tôt : nôt 10,5 : 6; nôt : bôt : tôt 3,11—13; bôt : nôt 6,34 : 35; tôt : nôt 9,2 : 3; verwandelôt : nôt 11,12 : 13 . . . . . . nôt : rôt 34,9 : 10.

touwe : vrouwe 17,11 : 13; schouwen : ouwen 5,29 : 30; touwe : frouwe 7,12 : 13; touwe : vrouwe 7,20 : 21; schouwen : vrouwen 20,4 : 7 . . . . . touwen : schouwen 26,35 : 36; betouwet : schouwet 33,37 : 38.

junge : entwunge 10,16 : 20; betwungen : sungen 17,6 : 8; sprunge : junge : sunge 7,8—10; sungen : sprungen 15,29 : 32; wandelunge : junge : sunge 11,15 : 18 : 21; sprunc : junc 23,19 : 20 . . . . . sprunge : erklunge 28,27 : 28; Jedunc : sprunc 31,37 : 38; jungen : sungen 33,23 : 24.

gemuoten : ruoten 17,1 : 3; ungemüete : blüete 17,14 : 15; muot : guot 7,19 : 22; hôchgemuot : guot : behuot 14,28 :

30 : 31; Landshuote : muote : unvruote 14,1—3: vruoten : hôchgemuoten 23,3 : 4: ungemüete : blüete 23,9 : 10 . . . . ungemüete : güete 30,12 : 14.

stunt : wunt 9,14 : 15; verwundet : gesundet 17,16 : 18: (kunde : munde 17,29 : 30): (stunden : begunden 13,10 : 12); (stunde : kunde 26,10 : 11).

Dies sind die wichtigsten Reimgruppen aus den Reien, im ganzen achtundzwanzig. Es stellt sich nun die interessante Thatsache heraus, auf die schon bei der Zusammenstellung durch Puncte aufmerksam gemacht ist, dass im Gebrauch dieser Reimgruppen bei nicht weniger als siebzehn eine Pause eintritt und zwar derart, dass ihr Beginn nie nach dem Gedicht 21,34 eintritt, vielmehr in acht Fällen in dies Lied fällt (bei den Reimgruppen tac jach lant êre sin sprunc und rât guot, die beide hier sogar doppelt vertreten sind) und in neun Fällen noch früher (bei den Reimgruppen sanc ê leit singen sinne nôt in die Kreuzlieder, bei kint wip vrouwe noch vor dieselben), wobei noch zu bemerken ist, dass in zwei weiteren Fällen in dem Lied 21,34 die eigentlich typischen Reimworte nicht vorkommen, sondern nur Reime derselben Gruppe (bei gedagt : widersagt und sin : magedin). Der Schluss der Pause aber fällt nie vor das Lied 26,23 (bei wât, welches Schlagwort aber nach der Pause nicht mehr im Reim steht, und leit sin singen vrouwe), meist aber später (in 28,1 kint wip sprunc, in 29,27 tac, ohne das Schlagwort, und jach sanc êre sinne, in 31,5 laut, endlich erst in 33,15 nôt). Pausen dieser Art kommen zwar auch sonst vor (z. B. bei êre von 6,19—20,38), aber davon abgesehen, dass bei vielen der ältesten Reien die Stellung durchaus willkürlich ist, und eine deshalb erlaubte Aenderung ihrer Reihenfolge diese Pausen beseitigen könnte, treten sie nur vereinzelt auf und tragen deshalb (ebenso wie z. B. die besondere Häufigkeit der Gruppe min in den Kreuzliedern) den Charakter der Zufälligkeit; bei diesen Pausen aber, die

ich ausgezeichnet habe, spricht gegen diesen Charakter schon
das Zusammentreffen bei so vielen Reimgruppen. Dazu kommt
noch, dass drei andere Gruppen innerhalb jener allgemeinen
Pause nur vereinzelt vertreten sind (meie in 21,34 und 25,14
je einmal, gân und stunt nur in 25,14 einmal). Man könnte
dies aus dem geringen Umfang dieser Pause erklären wollen,
aber dies widerlegt schon das Beispiel des Liedes 21,34:
bot dasselbe elfmal Gelegenheit zur Anwendung dieser Reime,
so hätte wohl auch 25,14 sie öfter als dreimal, 22,38 und
24,13 sie überhaupt gestattet.

Trotzdem wäre der Einwand beachtenswert, wenn jene
Lieder mit einer derartigen Vermeidung der sonst häufigsten
Reime bei unserm Dichter ganz einzig daständen. Aber sie
bilden nur den Höhepunkt einer stetigen Entwicklung. Zwei
Reimgruppen, sehen wir, kommen nach jener Pause überhaupt nicht wieder vor, sondern wieder eine zuletzt in 21,34
(hin) und eine schon in den Kreuzliedern (geil). Von ent-
scheidendem Gewicht endlich, wie mir scheint, ist das Resultat,
das die Betrachtung derjenigen Reimgruppen ergiebt, welche
bei anderen Dichtern häufig, in Neidharts Reien nicht so oft
vorkommen, dass sie in die obige Uebersicht hätten aufgenommen werden dürfen. Es sind dies die folgenden (ihre
Auswahl rechtfertigt sich durch eine Durchprüfung verschie-
dener mittelhochdeutscher lyrischer und epischer Gedicht-
stücke auf deren häufigste Reime): gram : nam 24,3 : 4 —
man : kan : getân 27,23—25; man : getân 30,26 : 27; —
unmaere : swaere 7,36 : 37; wandelbaere : swaere 16,11 : 13;
swaere : enbaere 17,21 : 23; — gras : was 24,20—22; —
gegeben : leben 28,4 : 5; — strâze : mâze 13,33 : 34; strâze :
mâze 29,25 : 26; — gesehen : brehen 5,28 : 31; geschehen :
sehen 7,32 : 33; jehen : sehen : zehen 18,25—27; — mir : wir
10,32 : 33; — zil : vil 10,27 : 28; vil : gespil : wil 24,25—27;
vil : spil 25,19 : 21; — ist : vrist 31,1 : 2; — sî : frî 5,32 :
33; — vol : wol : zol 4,38 : 5,1 : 2; vergolten : solten 22,22 :

13; holt : solt 22,24 : 25; — lône : schône : nône 16,34 : 35 : 37; dôn : lôn 12,27 : 28; — tougen : unlougen 20,34 : 37; lougen : tougen : ougen 22,21 : 23; tougen : lougen 24,28 : 29; — erkorn : gesworn 15,9 : 10; verlorn : zorn 18,34 : 35; — schulde : hulde 29,9 : 10.

Erstens ergiebt diese Uebersicht, dass Neidhart eine ganze Reihe sonst oft gebrauchter Reime nur selten anwendet, und dies wird dadurch bestätigt, dass bei ihm in den Sommerliedern ganz und gar die sonst beliebten Reimgruppen fehlen, die sich durch die Schlagworte baz niht got vrô wunne gruoz bezeichnen lassen. Beides erklärt sich am besten durch die Annahme, dass der Dichter von vorne herein bei der Reimwahl eine gewisse Sorgfalt anwandte, die Andere versäumten. Denn der Einwand, es sei keine Gelegenheit vorhanden gewesen, diese Worte hier im Reim zu verwenden, trifft höchstens bei der einen Gruppe got : spot u. s. w. zu; sonst konnten jene Worte alle überall sehr gut vorkommen. Bei jenen Pausen ist nicht abzusehen, weshalb z. B. die Worte tac und sanc mit ihrem Anhang oder ê : klê : wê in dem einen Reien nicht ebenso gut stehen könnten wie in dem andern; bei den Gruppen, die ganz aufhören, dürfte das Schlagwort geil dem Sinne nach seltener werden, aber warum hin? Unter den bei Neidhart überhaupt seltenen hätten sich doch z. B. gras : was : las und sehen : brehen viel öfter anwenden lassen, von mir : dir und ist : vrist u. s. w. ganz abgesehen. Und die beste Widerlegung jenes Einwandes giebt die Thatsache, dass die betreffenden Worte sich als Waisen vorfinden (so von den in der Blütezeit vermiedenen Reimworten wip 16,12, lip 16,36, von den überhaupt seltener verwandten sî 4,29 vol 3,25, von den garnicht im Reim vorkommenden niht 17,37). Also nicht bloss waren sie in den Gedichten zu verwenden, sondern ihre Stellung am Versschluss forderte ihre Verwendung im Reim förmlich, erleichterte sie mindestens.

Zweitens aber treten diese Reimgruppen in einer den erstbesprochenen durchaus analogen Weise auf. Es sind. im Ganzen sechszehn und davon kommen nicht weniger als elf während jener Pause überhaupt nicht vor! (mâze vor- und nachher, maere sehen mir sî lôn verlorn nur vorher, man leben ist hult nur nachher). Zwei kommen allerdings nur während jener Periode vor, aber nur je ein einziges Mal (nam in 21,34, was in 24,13); stärker weichen drei andere ab, die in der Zwischenzeit zweimal vorkommen (zil vorher einmal in 24,13 und 25,14 je einmal, solt nur in 21,34 zweimal, ougen vorher einmal, in 21,34 und 24,13 je einmal). Dies ist nun wirklich Zufall, und übrigens wären die drei Gruppen (mit vier Fällen) in 21,34 ja noch abzuziehen.

In den Gedichten 22,38; 24,13; 25,14 finden sich also von diesen sechszehn Gruppen zwei mit drei Fällen vertreten; von den vierundvierzig Reimgruppen, die wir überhaupt betrachtet haben, und mit denen alle irgend durch auffallende Beliebtheit ausgezeichneten Reime erschöpft sind, werden zweiunddreissig in den Gedichten durchaus vermieden, die wir auch sonst als die Blütezeit des Dichters bezeichnend annehmen müssen! Da ist doch unzweifelhaft die Annahme, das sei beabsichtigt, viel wahrscheinlicher, als die, es sei Zufall. — In dem Gedicht, das von den früheren Liedern zu der Glanzzeit überführt, 21,34, sind die bequemen Reime allerdings noch verhältnissmässig häufig, aber doch auch hier schon zweiundzwanzig Gruppen, die Hälfte der aufgezählten, vermieden; es könnte ja sein, dass in diesem Gedicht Neidhart, ganz auf Vollendung der höheren Technik bedacht (durch die dies Lied glänzt), hinsichtlich der niederen sich etwas hätte gehen lassen und nachher dann, des Aufbaus nun ganz Herr, als die stets vermiedenen allzuleichten Reime dieses Liedes ihn störten, von selbst oder durch Andere darauf aufmerksam gemacht, von da ab doppelt streng gewesen wäre.

Und auch von vornherein hat die Annahme, er sei in
der Auswahl seiner Reimworte stets sorgfältig gewesen, am
meisten zur Zeit seiner höchsten Kunstvollendung, doch nichts
Unwahrscheinliches! Nichts fordert in gereimtem Gedichte
achtsame Behandlung mehr heraus, als der Reim selbst: lag
es denn, nachdem Heinrich von Veldecke durch Einführung
des genauen Reims sich seinen Ruhm erobert hatte, nicht
nahe, auch allzu bequeme Reime, wie sie gerade durch jene
erhöhte Anforderung häufig geworden waren, durch bessere
zu ersetzen? War doch in der modernen Dichtung erst vor
kurzem dasselbe zu beobachten. Eine einseitige Betonung
des gewiss richtigen Satzes, dass der Inhalt wichtiger sei als
die Form, hatte zu arger Verwilderung auch des Reims geführt.
Da lehrte Platen wieder auf den strengen Reim achten; und
nun nahmen die bequemen Reime, mit denen formverachtende
Dichter jener Aufgabe am bequemsten nachzukommen wussten,
in geradezu erschreckender Weise zu. Obendrein wurden sie
noch durch andere Umstände begünstigt, so durch die (im
Uebrigen ja höchst segensreiche) Uebersetzungslitteratur, die
bei ihrer schwierigen Aufgabe, wo es sich um gereimte
Originale handelte, auf überall leicht anzubringende Reimpaare
nicht verzichten konnte. Und als dies deutlich empfunden
zu werden begann, als auf diesem Gebiete wie auf allen
Kunstgebieten das Verlangen mächtig wurde, aus der acade-
mischen Correctheit und matten Eintönigkeit der Zeit zu
Leben und Farbe aufzusteigen, erschien Freiligrath mit seinen
kühnen und neuen Reimen, so bewusst auftretend, dass Heine
ihm Missbrauch vorwarf, „Barbarei beständiger Janitscharen-
musik, die aus einem Fabrikantenirrtum entspringt" (Heinrich
Heine's letzte Gedichte und Gedanken, Hamburg 75 S. 171),
dass er wiederholt parodiert wurde u. s. w.

Ebenso können wir aber auch bei Neidhart's eigenen
Zeitgenossen bewusste Reimwahl erkennen. Wolfram liebt
neuklingende Reime (Bock S. 59,4) und weiss sie, gerade wie

Freiligrath, besonders durch Eigennamen und Fremdwörter
zu erzielen; man sehe nur einmal in A. Schulz (San Marte's)
Reimregister zu den Werken Wolfram's von Eschenbach
(Quedlinburg und Leipzig 67) das Verzeichniss für Eigennamen z. B. von Reimen auf - ant - anz - as - â - ân - âne - ê
- eis - eiz - i - ie - is - or - oys - ôn - ôt - us - un - ûn, namentlich
aber auf - in, und für Fremdwörter von Reimen auf - anze -
âne - ât - ente - eis - iat - iere - ieren - ieret u. s. w. - iur - ie - is -
oys - us - un. Ausserdem fällt auf, wie gern er Deminutiva
auf - in in den Reim setzt, s. a. a. O. S. 81—82, und zwar
nur ein einziges Mal sie auf jene bei ihm so häufigen Eigennamen auf - in reimend: hinselin : Volatin Wk. 112,9 : 10;
sonst reimt er, wie schon die angeführten Reimgruppen
zeigen, auf Eigennamen am liebsten Fremdwörter. Und auch
er ist deshalb, wie mindestens Bock glaubte, parodiert worden
(Bock S. 52 f.; siehe aber Steinmeyer im Anzeiger für deutsches
Altertum VII, 63—64). Hartmann dagegen weiss, indem er
ebenso sehr allzuhäufige als allzuauffällige Reime meidet,
auch hier die Tugend der mâze zu bewähren, die er preist;
ähnlich, doch nicht mit gleicher Strenge, Walther. Gewiss
liesse sich Analoges bei anderen Dichtern feststellen. — Von
Einzelheiten ist mir so namentlich aufgefallen, dass der so-
genannte Seifrid Helbling die sehr ins Ohr fallenden Reime
auf - ec im I. III. IV. Gesang öfters hat (I 421 gitec : un-
stritec 437 unleidec : vreidec 1291 innewendic : behendic,
III 353 bürtic : buoz-würtic 381 einveldec : meldec, IV 43
gewaltec : manecvaltec 419 slündec : kündec) und sonst gar
nicht, obwohl solche Worte bei ihm noch ziemlich oft vorkommen (so II 1174 drizec, XIII 107 sündec, XIV 40
vreidec, XV 41 dass.). Diese Reime waren bei Neidhart,
der sie nur einmal hat (schuldec : ungeduldec N 79,8 : 11)
schon Cl. Fr. Meyer aufgefallen (a. a. O. S. 33—34); Walther
hat sie nie (Wilmanns zu XXXII 1 seiner Ausgabe), obwohl
bei ihm wie bei Neidhart solche Worte im Verse vorkommen.

In anderen Gedichten: II, VII, IX—XI reimt Helbling besonders gern mit fremden, vorzugsweise lateinischen Worten
und Namen (II 11 prèsent: condiment 775 gesimoniet 935
Augustîn 1015 Ninivê 1018 sodomiâ 1162 Vespasiân 1163
Titus 1316 betschelier, VII 12 dêus 73 Augustin 379 geflört
398 dei 590—724 Sâtanas 1126 deo 1128 hominibus 1130
âmen, IX 75 dêus 151 dèfecèrunt 154 mei, X 11 Arônes:
Salomônes (typischer Reim) 84 audi nos 85 benedicere, XI
107 miserere). Dies hängt aber mehr mit dem Inhalt zusammen; auch ist die Reihenfolge der Gedichte zu unsicher
(vgl. Karajan in Haupt's Zeitschrift IV und Martin ebenda
XIII 464—66) und die Einheit ihres Verfassers zu zweifelhaft, als dass man etwas darauf bauen könnte.

Endlich erinnere ich noch an das Streben der
Troubadours nach schweren Reimen (Diez Poesie der
Troubadours S. 100). Wieviel Wert von diesen auf seltene
Reime gelegt wurde, zeigt eine Anecdote aus dem Leben
Arnaut Daniel's (Diez Leben und Wirken der Troubadours
Zwickau 29. S. 352, eine Anecdote übrigens, die, wie so
viele pseudoneidhartische Streiche, immer wieder und immer
von Andern erzählt wird und auch wirklich immer wieder
vorkommt: vgl. z. B. Reuter's Stromtid B. II, Cap. 17).
Dem gegenüber rühmten Andere sich gerade ihrer leichten
Reime (Diez: Poesie S. 71). Es war wohl also die Frage
mit gewissen technischen Anforderungen an den Reim
combiniert, wie bei dem ähnlichen neueren Streit, als die
französischen „Romantiker" wieder auf schwere Reime drangen
(vgl. darüber Lindau Musset S. 28 f. u. a.). Beweise genug
für bewusste Reimwahl!

Dazu käme noch ein authentischer Ausspruch des
Dichters, wenn 83.32 für die Reimwahl herangezogen werden
dürfte; aber künstelôs an rime kann nur der Reimstellung
und metrischen Künsten anderer Art gelten, wie sie z. B.
Hugo von Trimberg an Konrad von Würzburg tadelt: Wer

gar sich flizt an seltsaen rim — (Wackernagel. Litteraturgeschichte 71,62) denn gerade um der Künsteleien willen
bevorzugt Konrad bequeme Reime. Ueberdies ist das Verständniss jener Stelle Neidhart's schwierig und unsicher.
Gegen die Erklärung Burdach's (Reimar der Alte und Walther
von der Vogelweide, Leipzig 80. S. 177) sprechen alle Analogien (M. S. D. XLV, Strophe 2, vgl. Müllenhoff Anm.
S. 458; Scherer Geistl. Poeten II. Q. F. VII. S. 82; Uhland
Volkslieder N. 224 II. S. 595 und dazu Schr. 209. vgl.
auch Dante Par. XV. 98 u. a.).

Will man nun aber trotz so vieler Gründe, die für eine
an sich nicht unwahrscheinliche Auffassung sprechen, diese
anfechten, weil die Zeit der Pause zu kurz sei, um zu beweisen, so wird eine analoge Betrachtung der Winterlieder
hoffentlich definitiv unsere Meinung als richtig erweisen.
Ich will aber schon vorher aus derselben meine Folgerungen
für die Chronologie der streitigen Lieder ziehen, damit ich
auf die Reien dann nicht zurükzukommen brauche.

Die Lieder 9,13 und 16,38 unterscheiden sich im Reim
in keiner bemerkbaren Weise von den andern Jugendgedichten, oder wenigstens nicht so, dass diese Unterschiede
irgend mehr als ganz zufällig erscheinen. Die Lieder 26,23
und 28,1 aber rücken durch die Zahl der Reimgruppen, die
in sicher der Zeit der Blüte angehörigen Gedichten garnicht,
in ihnen aber wohl sich vertreten finden, aus der Blüteperiode heraus und also, da ihr ganzer Ton sie vor dieselbe zu setzen verbietet, in die Periode des Verfalls. Entscheidend scheint dafür besonders der Reim lip : wip. Dieser
von allen typischen Reimen des Mittelalters der am meisten
charakteristische, und der einzige, dessen Geschichte wir
genauer kennen (Erich Schmidt a. a. O. Anm. 15. Das
Reimpaar ist auch bei Walther das häufigste: lip : wip 14 mal,
wip : lip 20 mal, siehe Hornigs Reimverzeichniss in seinem
Glossarium zu den Gedichten Walther's von der Vogelweide

Quedlinburg 44 S. 405 f.), ein Reim, dessen ungemeine
Häufigkeit gewiss den Zeitgenossen schon ebenso sehr auffallen musste, wie sie uns auffällt, kommt, nachdem er vor
und in den Kreuzliedern je einmal aufgetreten war, in dem
Gedicht 28,1 zweimal vor, in einem Liede also, das, wenn
es statt der Stellung bei Haupt, wie Schmolke will, vor
25,14 gestellt würde, den Höhepunkt von Neidhart's Dichtkunst bezeichnen würde, denn es wäre das letzte vor der
Spiegelaffaire ausser dem schlecht überlieferten 25,14. Mit
28,1 gehört aber 26,38 zusammen (weil sie zusammen zu
dem Wendelmutcyklus gehören). Wir bleiben also bei Haupt's
Festsetzung. —

Nachdem wir die typischen Reime der Reien behandelt
haben, empfiehlt es sich für die Winterlieder bei deren
grosser Zahl nicht wieder alle Reime anzuführen; ich werde
hier vielmehr nur die Zahlen geben, die die Häufigkeit der
bequemen Reime aus den einzelnen Gruppen in den drei
Perioden bezeichnen. Die erste Periode umfasst die Lieder
38,9 mit 39,30, 44,36 und 46,28; die zweite die Lieder
von 35,1 bis 49,10 mit Ausschluss jener drei Stücke; die
dritte alle Gedichte von 50,37 an.

Ich hatte noch die österreichischen Gedichte (von 71,11
an) von den bairischen der dritten Periode zu trennen gesucht, was schon deshalb bedenklich ist, weil die nicht un-
bedeutende Zahl der Lieder, die nach Baiern sowohl als
nach Oesterreich gehören können, das Ergebniss unsicher
macht. Es hat sich denn dabei auch nicht viel ergeben.
Die einzigen Reimgruppen, die bemerkenswertere Unterschiede zeigen, sind folgende (bei denen die Zahlen aus den
20 Seiten bairischer und bairisch-österreichischer Gedichte
mit 3, die aus den 30 Seiten österreichischer Gedichte
mit 2 multipliziert sind, um das Verhältniss klarer zu zeigen):

jach 21 32   dar 24 34   gân 24 34
êre 18 4   geil 12 6   leit 48 38

hin — 10   kint 9 14   zit 12 20
dô 6 2   muot 30 20.

Die Unterschiede sind, wie man sieht, im Vergleich mit
denen zwischen den grossen Perioden gering, und die Zunahme der einen gleicht die Abnahme der andern etwa aus.
Wie weit beide Veränderungen etwa erklärt werden können
siehe unten. Die am meisten characteristischen Reime verhalten sich in bairischen und österreichischen Liedern gleich;
so lant 30 28 ô 9 6 min 33 38 wîp 15 12 nôt 12 12.

Die Jugendgedichte umfassen also 5 Seiten, die der
Blütezeit 10—11 Seiten, die des Herabgangs 50; man sieht,
seine Blüte war kurz und sein Sinken lang, wie bei Heine. Doch
sind auch unter den späteren und noch mehr den früheren
Gedichten nicht wenige schöne. — Um die Uebersicht zu
erleichtern, habe ich von diesem günstigen Grössenverhältniss
der drei Abschnitte Gebrauch gemacht und die Zahlen aus
der Jugendperiode mit 10, die aus der Blütezeit mit 5
multipliziert, um zu zeigen, wie das Verhältniss sich stellen
würde, wenn aus allen Epochen gleich viel erhalten wäre.
Ich habe absichtlich die Tabelle auf diese Weise anders als
bei den Reien geordnet, damit man sieht, dass das Resultat
nicht etwa von der Art der Berechnung abhängig ist. (Um
durch die Zahlen nicht zu beirren, habe ich in der ersten
Reihe jede 10, in der zweiten die beiden 5 eingeklammert,
die in Wirklichkeit ein nur einmaliges Vorkommen bezeichnen, denn hier ist wirklich einmal keinmal).

tac 20, 20, 60; jach 30, 0, 23; tal 40, 20, 9; man (10),
10, 15; sanc 20, 15, 31; hant 20, 10, 24; dar 50, 25, 20;
gân 60, 15, 25; stât 20, 15, 23; ê 20, 15, 6; geil (10),
10, 7; leit (10), 35, 35; hin 20, 0, 5; singe (10), 35, 35
(sic); minne (10), (5), 5; kint 20, 10, 10; sehen 0, 10, 11;
wert (10), 15, 10; sî 20, 20, 9; min 20, 10, 30; wîp 0,
10, 11; sit 0, 0, 14; wol 20, (5), 15; dô (10), 10, 3; nôt
20, 15, 6; muot 0, 20, 20.

Wieder ist eine ganze Anzahl sonst häufiger Reime hier
so schwach vertreten, dass ich sie in dieser Aufstellung gar
nicht berücksichtigt habe. Sie werden durch die Schlagworte was, baz, mâze, leben, her, êre, ich, niht, vil, minne,
mir, ist, verlorn, got, lôn, ougen, schouwen, wunne, stunt
und gruoz bezeichnet, verhalten sich übrigens, soweit er-
kennbar, den oben aufgeführten entsprechend: dazu kommen
die in den Sommerliedern häufigen Gruppen reien und ris,
die hier aus Gründen des Inhalts nur vereinzelt begegnen.
Man sieht hieraus deutlich genug, wie sehr Neidhart's Reime
im Durchschnitt von denen anderer Dichter unterschieden
sind: von den häufigsten Reimgruppen sind bei ihm zwanzig
ganz schwach und von sechs und zwanzig andern auch nicht
eben viele sehr stark vertreten. Auch sind die Reime hier
noch gewählter als in den Reien, was namentlich durch die
Verwendung von Eigennamen am Verschluss bewirkt wird.
Trotz vier- bis fünfmaliger Nachprüfung kann in den Zahlen
wohl hier und da ein Fehler untergelaufen sein; das Gesammt-
resultat wird er schwerlich ändern.

Im einzelnen ergiebt die Tabelle: von den 26 aufgezählten Reimgruppen zeigen dreizehn Abnahme von der
Jugend- zur Blütezeit (sanc stât unbedeutend, jach, tal, hant,
dar, gân, ê, hin, kint, min, wol, nôt, stark), sechs davon
wieder eine Zunahme zur Verfallsperiode (jach, sanc, hant,
stât, min, wol). Fünf Gruppen sind in den beiden ersten Epochen
wenig unterschieden; davon drei in der dritten stärker (tac,
man, sit) zwei schwächer (si, dô); ganz unverändert bleibt
nur eine (geil; der beste Beweis, wie wenig diese Unterschiede in erster Linie durch den Inhalt bedingt sind). So
weit stimmte Alles ganz gut zu unserer Aufstellung. Nur
fünf von den 26 Gruppen entsprechen ihr nicht: vier, die
in den beiden späteren Perioden stärker vertreten sind als
in der ersten (leit, singe, wip, sehen) und, was am meisten
auffällt, eine, die in der Blütezeit sogar am häufigsten ist (wert).

Das Geammtresultat bleibt deutlich und fest: Neidhart sucht zu häufige Reime zu vermeiden und führt dies in seiner besten Zeit am strengsten durch, vernachlässigt es später wieder und wendet geringere Sorgfalt darauf, als in der Jugend. Dies ist ganz dieselbe Bewegung, die sich auch in der Entwicklung seiner Technik zeigt. Es ist freilich kein bedeutendes Ergebniss, und das nicht so vieler Stützen bedürfte, wenn auf die Reimwahl der Dichter schon mehr geachtet worden wäre; aber doch immerhin ein Resultat, das für die dichterische Entwicklung Neidharts einen ersten Fingerzeig giebt und zugleich unsere Abgrenzung der Perioden entschieden stützt.

Dass nicht genau dieselben Reime in Sommer- und Winterliedern gemieden werden, ist natürlich, da die Sorgfalt sich nur gegen allzu bequeme Reime überhaupt richtete und nicht gegen bestimmte Gruppen. Gross ist übrigens der Unterschied nicht. Von den in den Reien während der Blütezeit vermiedenen Reimgruppen werden auch in den Winterliedern gemieden jach, sanc, hant, ê, hât, hin, kint, mîn, nôt, sind dort auch in der ersten und dritten Periode selten êre, schouwen, junc. Wirklich verschieden ist nur das Auftreten von vier Gruppen: geil, das in den Winterliedern ganz gleichmässig vorkommt, und leit, singe, wîp, die Zunahme gegen die Jugendperiode zeigen. Dies könnte bei leit aus den zunehmenden Klagen, bei wîp aus dem Frauendienst Neidhart's erklärt werden; einfacher ist die Annahme, dass er weder so streng war noch ein so genaues Bewusstsein von der Häufigkeit einer einzelnen Gruppe hatte, dass er überall ganz consequent hätte verfahren sollen, und bei aller Regelmässigkeit im Ganzen ist in solchen Kleinigkeiten das Wirken des Zufalls ja nicht abzustreiten.

Eher könnte auffallen, dass Neidhart, der also viele sonst häufige Reimgruppen fast gar nicht hat, andere, wie wir sehen, zu bestimmten Zeiten vermeidet, bei wieder

anderen solche Bemühung gar nicht erkennen lässt. Ich
habe mir dies zu erklären versucht, indem ich die beliebtesten
Reimgruppen durch die verschiedenen Perioden des Minne-
sangs, die Gottschau in Paul und Braune's Beiträge VII.
408 f. aufstellt und begründet, bis auf Neidhart verfolgte,
um zu sehen, ob vielleicht allgemein eine zunehmende Ab-
neigung gegen bestimmte Gruppen sich herausbilde, die zur
Erläuterung von Neidharts Auswahl dienen könnte. Es
zeigt sich aber nichts davon, sondern im Gegenteil eine
recht starke Zunahme fast aller leichten Reime von der
ersten zur zweiten, und der meisten auch von der zweiten
zur dritten Periode. Eine Verschiedenheit im Verhalten der
von unserm Dichter ganz, zeitweilig, nie gemiedenen Reimgruppen lässt sich bei den andern Minnesingern nicht beobachten.

Dann dachte ich daran, dass vielleicht der Unterschied
damit zu erklären sei, dass die Kunstdichter einzelne Reimgruppen als in der volkstümlichen Dichtung zu häufig vermeiden, und untersuchte deshalb die Reime in fünf besonders characteristischen Epen (NN., Reinhart Fuchs,
Parcival, Tristan, Iwein) darauf hin: es scheint allerdings,
dass die höfische Dichtung bestimmte typische Reime nicht
gern verwendet, die in der Volksdichtung sehr beliebt sind,
aber dies ist nicht ganz sicher und steht in keiner sichtbaren Beziehung zu der Auswahl, nach der Neidhart und
andere Lyriker bequeme Reime dulden oder vermeiden.

Wir müssen uns nach alledem damit begnügen, zu sagen:
in der mittelhochdeutschen Lyrik nehmen (gerade wie in der
modernen deutschen Lyrik) nach Durchführung des strengen
Reims die naheliegenden Reime stark zu. Im mittelhochdeutschen Epos zeigt sich eine geringe Verschiedenheit
zwischen höfischer und volkstümlicher Dichtung in der Be-
vorzugung gewisser Reimgruppen; im Ganzen ist der Reim-
vorrat hier, wie natürlich, geringer als in der Lyrik. Ge-

nauere Einzelbeobachtungen werden jedenfalls mehr und Wichtigeres bieten, als diese Bemühungen zu Stande bringen konnten. —

Es bleibt noch die Frage zu beantworten, was für Reime Neidhart statt der zu bequemen wählt. Zwei Wege standen offen: er konnte, wie Wolfram auffallende, oder wie Hartmann weder zu häufige noch zu seltene Worte wählen. Welche Reimworte selten sind, das ist nun freilich oft schwer zu entscheiden: Worte, die ich mich überhaupt nicht erinnern konnte schon im Reim gelesen zu haben, können ja in Gedichten, die ich nicht kenne, sehr häufig und auch in den hier besprochenen mir leicht entgangen sein. Objective Kriterien lassen als auffallende Reime innerhalb der mittelhochdeutschen Blütezeit archaistische und stark dialectisch gefärbte Reimworte, Lautnachahmungen, Fremdwörter (und diesen analoge Bildungen wie hoppenie 59,25) und Eigennamen erscheinen.

Von Archaismen hat Neidhart im Reim nur zweimal (11,12 99,2) verwandelôt — bekanntlich eine Form, die auch die strengsten höfischen Lyriker zulassen. (Rugge MF 107,13 (: rôt 14) Reinmar 196,35 (: nôt 37) vergl. W. Grimm Vridanc CXXVII. Ueber Freidank (Abhandlung d. phil. hist. Kl. d. kgl. Akad. d. Wiss. zu Berlin 1849.) S. 331 f. S. 375 f. Gottschau a. a. O. S. 421 Lexer III 293). — Die dialectischen Eigentümlichkeiten im Reim sind bei Neidhart selten stark auffallend. — Onomatopoetische Bildungen kommen im Reim (ausser allenfalls tratz 39,17) nicht vor, auch als Waise im Versausgang nur bei dem Refrain 3,1, der wahrscheinlich als Nachahmung des Hornklangs aufgefasst werden muss. (s. Heyne im Anz. f. Kunde d. deutsch. Vorzeit Jahrg. XXVIII Sept. 81. S. 263 ff.) Allenfalls könnte noch gimpel gempel 21,12 (: wempel : Lempel 10 : 11) hierher gehören. — Fremdwörter kommen ausser gelegentlichen technischen Bezeichnungen fast nur in den Kreuzliedern und den Gedichten der Blüte-

zeit vor. In den Reien: nône 16,37 mort 12,23 (phlanzen
12,39) pilgerine 13,32 ridieren 22,15 âmen 24,11 (prise 25,17)
wikisen ? 26,1 (prise 31,21) [gezieret]: gewyzieret 34,8. In
den Winterliedern: barkâne 36,8 govenanz 37,1 ridewanzen
40,29 massenîe 42,6 schanze 50,8 treie 50,26 gewentschelieren
[vieren] umberieren 50,34—36 (nône 58,8) hoppenîe 59,25
adamant 66,6 blanc 82,2 (prise 83,26) (prime 83,34) tschoyen:
turloyen 88,40 : 89,2 ridewanze 98,14 (pine 101,28). So
fest eingebürgerte Lehnworte wie z. B. gekroenet 27,4 habe
ich hier nicht aufgezählt.

Von den oben aufgeführten Kategorien bleiben also die
Eigennamen, die denn in der That sehr stark hervortreten.
Ihr Gebrauch im Reim (wie ihr Gebrauch bei Neidhart
überhaupt) entwickelt sich in characteristischer Weise. In
den Reien kommt in den beiden ersten Perioden nur die
geringe Zahl von drei geographischen Namen an vier Stellen
vor (Vranken 4,30 16,3 Rine 13,20 Landeshuote 14,1: diese
beiden in Kreuzliedern), ausserdem ein einziger Personen-
name, dieser aber unter all den zahlreichen Personennamen
bei unserm Dichter ausser ein paar Fällen der spätesten
Lieder fast der einzige offenbar scherzhaft erfundene Name
(Lempel 21,11); ebenso stehen auch von den geographischen
Benennungen nur die beiden den Kreuzliedern angehörigen
in eigentlicher Bedeutung, der dritte sprichwörtlich: Jiuteline
20,2 habe ich nicht mitgerechnet, weil dem Namen durch
die Deminutivendung das Auffallende gerade genommen ist.
Dann tritt in der Blütezeit der für Neidhart so wichtige
Name Vriderûn am Verschluss aber als Waise auf (25,28,
ebenso 26,21) erst unmittelbar nach der Spiegelaffaire ein
eigentlicher Name und zwar der gleich wichtige Engelmâr
im Reim, von da ab aber dann auch andere Personennamen,
in einem der spätesten Reien sogar gehäuft wie in den
Winterliedern. Engelmâren 26,19 Wierât 27,6 und in dem
ganz in der Art der Winterlieder gehaltenen 31,5 Gisel 31,26

Vrêne : Elêne 31,35 : 39. Jedunc 31.37 im Reim. Denn den
Winterliedern sind die Namen von Anfang an eigenthümlich,
was in ihrer ganzen Art begründet scheint. Weil sie von
den Spottversen mit ganz persönlichem Bezug (in ihren
Haupttheilen) ausgegangen sind, setzen sie, wie diese den
Namen, schon um ihn stark hervorzuheben, gern in den
Reim. So die entsprechenden Verse MSD XXVIII b. bei
Starzfidere, in einem ähnlichen Reim (nicht gerade Spottvers)
MSD VIII Uodalrich u. s. w. Gleichartig ist aber auch
hier der Gebrauch derselben im Reim nicht. In der Jugendperiode kommen nur solche Personennamen vor, die auch
sonst in den Reien beliebten oder doch nicht auffallenden
Ausgang haben, und also auch selbst weniger ins Ohr fallen.
In der Blütezeit werden mehr und mehr grade Namen mit
seltnerem Klang der Endsilbe gebraucht; in der Zeit des
Alters endlich werden sie gesucht und massenhaft angewendet,
ob sie nun auf gewöhnliche oder seltene Worte reimen. In
der ersten Periode: Engelmâr 38,28 Adelber 39,12 Friederich
39,29 Irmengart : Eberhart 15,15 : 16. In der zweiten:
Adelber 35,23 (Jiutelin 36,31) Engelmuot 37,7 Künegunt 38,4
Irmengart 38,7 — alles dies noch wenig auffallende Reimworte. Aber schon 35,24 : 27 machen Rüele : Witenbrüele und
dann 37,38 wieder der Name Friderûne den Anfang der
seltneren, dann von 40,1 an fast nur solche: Adelhalm 41,35
Hôhin Siene 41,32 Bride 42,12 Engebreht 42,27 Adelhûne
44,4 Egelolve 44,9 Merhenbreht 44,27 Gunderam 49,15
Schelle 49,23; daneben allerdings noch Hademuote : Guote?
42,5 : 8 Adelmâr 42,7 Ermelint 42,1 Ekkerich 44,32 Sigemâr
49,37. Das Reimpaar a : â hat bei Neidhart fast stets einen
Eigennamen als Reimwort. In der dritten Periode sind die
Eigennamen im Reim so häufig, dass es nicht lohnt, sie alle
aufzuführen; im Ganzen kommen in den Liedern 50,37—102,32
volle 103 mal Eigennamen im Reim vor, geographische hier
wie überall viel seltener als Personennamen und überhaupt

nur in oesterreichischen Liedern (wie in den bairischen die
Ortsnamen ja auch ausserhalb des Reims sehr selten sind).
Besonders stark gehäuft sind die Namen am Versausgang
in dem Gedicht 55,19; in 61,18 reimt die Strophe 62,1—11
bis auf den Abgesang beinahe ausschliesslich mit Dörper-
namen. —

Ueber Eigennamen im Reim enthält die gehaltreiche
Recension der Jungfrau von Orleans aus d. Allg. Lit.-Zeitg.
Jena u. Leip. 1802, 14.—16. Jun. abgedruckt bei Julius W. Braun,
Schiller im Urteil seiner Zeitgenossen (Berlin 82. III 213 f.)
ein paar kurze, aber gute Bemerkungen. Wenn sie sie fast .
nur im komischen zulassen will (Braun a. a. O. S. 214), so
geht dies wohl zu weit, da sie auch pathetisch sich sehr gut
verwerten lassen; für Neidhart aber trifft es besonders bei
den Reimen der letzten Periode zu. Stimmt also jene Wahl
in den Liedern der zweiten Periode wieder zu der Beobachtung
von Neidhart's Sorgfalt in der Reimwahl zu derselben Zeit,
so ist der Versuch der letzten Epoche, durch die Namen als
solche zu wirken, sowohl für die Vergröberung in den Mitteln
überhaupt als für das Ueberwuchern schlechter Volkstüm-
lichkeit characteristisch; die Nachdichter haben dies dann in
ärgster Weise weiter getrieben.

Es wären endlich die Reime aufzuzählen, die auffallend
klingen, ohne dass dafür andere Gründe angeführt werden
könnten, als dass der betreffende Wortausgang überhaupt
oder mindestens im Versschluss selten scheint. Sie sind in
der Periode des Verfalls häufiger als in den beiden ersten,
was eben wieder die steigende Vergröberung der Kunstmittel
und das zunehmende Streben nach komischer Wirkung beweist; sonst sehe ich in ihrem Gebrauch nichts Bemerkens-
wertes. Es sind etwa folgende:

In den Reien: erste Periode schôz : klôz 10,11 : 12
sumber : kumber 8,38 : 39 narre : geharre : pharre 13,1 : 4 : 7
vadem : gadem : kradem 24,35—37 (vgl. Helbling I 193—94

612 : 13 951 : 52. Mit onomatopoetischer Wirkung, wie bei Neidhart, auch z. B. N N. 2007,1 : 2). Zweite Periode: versen : gehersen 27,21 : 22, ferner von den Worten, die auf Fremdwörter oder Eigennamen reimen, wempel : gimpel gempel 21,10 : 12 geswanzen 12,36.

In den Winterliedern: erste Periode schimphen : unge-limphen 47,10 : 13 geslahen : derreblahen 47,32 : 35. Zweite Periode: trünne : wünne 40,28 : 32 griule : miule : biule 49,7—9 tänze : gestränze 49,12 : 16 smutzemunden : kunden : enphunden 49,29—31. Dritte Periode: ragehüffe : güffe 51,39 : 52,1 knophe : krophe 52,8 : 10 hûben : tûben 54,38 : 39 widerdrieze : spieze 57,12 : 17 zizelwache : ersoche 59,12 : 15 pheif : umbesweif 63,30 : 33 wânaldei : ei 65,38 : 66,2 nadelrunzen : lunzen 68,4 : 8 roc : loc 68,5 : 9 mül : sül 69,38 : 70,3 flins : zins 73,11 : 15 hosen : phosen 74,74 : 16 brâ : schrâ : grâ 76,23 : 25 snabelraeze : gelaeze 78,34 : 36 gebraemet : vlaemet 81,40 : 82,2 umbetrîbe : hoverîbe 82,15 : 17 erliuge : smiuge 84,8 : 10 dorfsprenzel : voretenzel 84,12 : 14 hûben : strûben 86,22 : 22 tratz : widersatz 90,10 : 15 tumbes : krumbes 91,9 : 14 grâ : dâ : trâ 95,39 : 96,1 : 2 slifen : phifen 98,17 : 19 ebenhiuse : griuze 98,30 : 35 grif : wif 100,35 : 101,1 gön : sunderdrön 101,13 : 14 getroc : loc 101,36 : 102,1 briunen : ziunen 102,22 : 23 got : krot 103,2 : 4. Seltene Worte, die auf solche der oben besonders angeführten Kategorien reimen, sind etwa noch glatz 39,18 — wolve 49,6 — gense 80,34 — mûsen 84,30 — gebûre 91,15 spiezgenôze 98,7. Gehäuft sind auffallende Reime besonders in der zweiten Periode in dem Liede 49,10, dem letzten der Blütezeit; in der dritten in 59,36 65,37 69,25 78,11 79,36. Gern werden im Abgesang, namentlich wo derselbe aus drei gleichen Reimen besteht, ins Ohr fallende Reimworte eingeführt. Eine genaue Betrachtung müsste natürlich auch die Entfernung der reimenden Worte von einander, ihre Umgebung in derselben Verszeile, der vor-hergehenden und der folgenden, Responsionen, Zahl der Reimhäufungen, Unterstützung der Reimwirkung durch Assonanzen im Verse und anderes würdigen. Auch auf gewisse im Reim besonders beliebte und leicht anzubringende Worte wie z. B. eteswenne, anderswâ (oft Reinmar: MF 158,33 172,16 190,13 194,15; auch sonst bei den Minnesingern der zweiten und dritten Periode, so Hausen 51,31 (anderswar Hartmann 207,22) anderswâ 213,33 Walther 19,14 59,36 70,36 75,26 112,2 117,27 und besonders 63,7 (ausserhalb des Reims selten, so 121,29), ferner z. B. Freidank 156,27 161,20 176,23 NN. 1484.3 (anderswar Althochdeutsche Beispiele herausgegeben von Pfeiffer in Haupt's Zeitschrift VII, XXXV 187 u. s. w.) mê, niemer mê (oft bei Reinmar, der wie Walther vokalisch auslautende Reime vielleicht aus gesanglichen Gründen bevorzugt; wie anderswâ besonders am Schlusse der Strophe beliebt) und anderes wäre zu achten.

Man sieht deutlich, wie sehr die gesuchten auffallenden Reime zunehmen. Aber schon in den früheren Abschnitten zeigt ihre Häufigkeit bei Neidhart der Seltenheit bei anderen Dichtern gegenüber seine Eigenart, während Fremdwörter und, wo sie überhaupt vorkommen, Eigennamen auch bei anderen Minnesingern im Reim nicht selten begegnen.

Rührende Reime kommen bei Neidhart häufiger nur in den Jugendgedichten vor, in den Liedern der Blütezeit bloss ein leichter Fall. Neidhart's rührende Reime zählt Haupt zu 53,2 auf; davon fällt in die zweite Periode nur müeder : übermüeder 40,16 : 20; dagegen auf die wenigen Lieder der Jugend kommen von den zehn Fällen fünf: 8,9 8,20—11,5 12,12 14,6; es bleiben für das Alter 29,31 58,35 62,25 76,38.

Auf eine Art von Reimeigentümlichkeiten möchte ich noch aufmerksam machen; auf die zusammengesetzten Reime. Neidhart hat drei Fälle, alle in späten Liedern: anger : spranger : sanger 62,31—33 buoz : tuoz 79,15 : 17 Unger : betwunger 102,29 : 30. Nun weiss ich nicht, ob solche Reime

in der mittelhochdeutschen Dichtung so sehr auffielen, wie
sie es in der hochdeutschen thun. Nach den Gedichten zu
schliessen, die ich daraufhin durchgesehen habe (deren Zahl
aber zu einem bestimmten Urteil noch nicht berechtigt), und
den Stellen, die ich von Andern zusammengestellt fand, sind
bei strenghöfischen Dichtern nur einige ganz bestimmte Fälle
dieser Art erlaubt, während die übrigen nur bei volkstümlich
gehaltenen Dichtungen vorkommen; der Fall tuoz würde zu
den erlaubten gehören, sanger, spranger, betwunger nicht.
Wir sehen hier wieder die dritte Periode durch Verwilderung
der Form ausgezeichnet: diese Reime wären also bloss
ein Symptom mehr für die abnehmende Sorgfalt im Reim-
gebrauch. Denn es versteht sich von selbst, dass die Abnahme
der Bemühung mit einem Sinken der Gewandtheit Hand in
Hand geht. Für beides ist der stärkere Gebrauch der Flickwörter ein Zeichen.

Von den Formeln abgesehen, finden wir bei Neidhart etwa
folgende Flickworte: in der Jugendperiode gar 5,20 sicherlichen
5,24; in der zweiten nur die Tautologie wol, niht wê 26,28
und (des Reimes wegen) sô 35,15; in der dritten über al
28,39 von herzen williclichen eteswenne 63,13 sunder danc
(nach âne ir willen) 65,16 in der mâze wol 67,14 mit den
ougen 74,5 eteswenne 77,14 ouch 95,28 offenbâr 99,7 und
besonders im gelich 99,28 tautologisch neben alsô; dâ her
abe 100,5 — nicht eben viel, namentlich wenn wir an das
Ueberwuchern der Flickwörter bei seinen Nachahmern denken.
(Minor Winterstetten XX f.) Deutlich tritt aber der Verfall
hervor, wenn wir statt der bei ihm durchweg (formelhaftes
eben abgerechnet) seltenen Flickwörter auf die Fälle achten,
wo ganze Verse als Lückenbüsser eingeschoben werden. In
der Jugendzeit nur zwei Fälle: 14,3 (tautologisch) und 14,30;
in der Blüthezeit drei: 35,22 44,12 48,7 allenfalls auch 48,12.
Dagegen in der letzten Epoche zahlreiche Fälle: 26,38 56,19
57,15 21,35 61,33 67,18. 38 69,36 72,22 73,10 76,20.

35 78,37 81,6. 29,30. 89,7 92,9 94,10 96,9 und so der
ganze Schluss 71,8—10. Es sind fast stets Wiederholungen
und Bekräftigungen, zuletzt reine Tautologien (89,7 96,91),
zuweilen überflüssige Anrufungen (61,33) und rhetorische
Fragen (67,18 69,36 81,16 92,9) oder noch unnöthigere Ver-
sicherungen (67,38 ganz dasselbe noch breiter 94,10). In
manchen der angeführten Beispiele wird sich freilich bestreiten
lassen, dass sie leere Flickverse seien. Aber die Zunahme
bleibt unzweifelhaft. Immerhin kommen ganz sinnlose Flickverse, wie in der Eneide (Behaghel Eneide CXXXVIII), hier
nicht vor. Nur steht einmal (9,36) sinnwidrig in ir geile
von der liebeskranken Alten, veranlasst jedenfalls durch die
in Neidhart's Reien wie im Volkslied so häufigen Formeln
sprach ein maget geile u. dergl. (8,23 14,31); ferner je
einmal durch Reimzwang ein Conjunctiv statt des Indicativ
(30,34 der des himels immer walte) und ein Präteritum statt
des Präsens (102,38 in riuwet daz er niht dâ heime was)
charakteristisch genug in seinem ältesten und zwei der allerspätesten Lieder die einzigen so starken Fälle von Reimzwang.

Wir haben damit die Betrachtung der Reime, soweit sie
in diese Arbeit gehört, erschöpft und, wie ich hoffe, dadurch
die Berechtigung der Chronologie der Lieder wie der Abgrenzung
der Perioden neu gestützt. Sie wird sich nun bei der
Betrachtung des Inhalts der Gedichte weiter zu bewähren
haben. —

Capitel III.

Wortgebrauch.

Nachdem wir nun untersucht haben, was für oder gegen
die Reihenfolge der Lieder, wie sie im Anschluss an die beste
Handschrift sich ergab, die Prüfung von Neidhart's Reimwahl
und verwandte Beobachtungen beweisen, gehen wir dazu über,

das so gewonnene Ergebniss auf seine innere Wahrscheinlichkeit nachzuprüfen. Wir werden hierzu erst Neidhart's Wortgebrauch, dann seine poetische Technik durch die von uns abgegrenzten Perioden verfolgen und das Resultat mit dem bisher angenommenen vergleichen.

Bei der Betrachtung des Wortgebrauchs ist absolute Vollständigkeit weder möglich noch auch nötig. Es genügt, wenn wir zuerst die Wörter zusammenstellen, die seine Stoffe bezeichnen, und dann die wichtigsten Attribute derselben sammeln, und auch dies beides nur, soweit sich daraus wirklich etwas für unser Thema ergiebt, in die Arbeit aufnehmen. Um den Standpunkt unseres Dichters zu charakterisiren, hatte ich dabei jedesmal kurz angegeben, was bei den älteren Minnesingern, bei Walther und in Wolfram's Lyrik etwa entspricht, gelegentlich auch noch weitere Parallelstellen herbeigezogen, ohne natürlich hierbei eine erschöpfende Zusammenstellung zu beabsichtigen: aber selbst diese Vergleichungen lasse ich hier zum grössten Teil fort, weil sie im Verhältniss zu ihrer Wichtigkeit für das Thema einen zu grossen Raum erfordern. Statt dessen werde ich jedesmal nur auf Stellen verweisen, wo über den betreffenden Gegenstand vergleichend gehandelt wird. —

A. Neidharts Stoffe.

Abstracta.

1. Mythologie.

(Venus): ‚küneginne': „diu hât mit ir strâle mich verwundet in den tôt" 10,1—11,5 s. Haupt zur Stelle Erich . Schmidt a. a. O. S. 112, vgl. a. u. die Minnetermini.

Ich bemerke, dass diese einzige Anspielung auf die antike Mythologie in eins der allerältesten Gedichte fällt. Auch bei den andern Minnesingern sind solche Beziehungen selten, was sich schon aus den unklaren Vorstellungen von derselben erklärt s. Wackernagel Litteraturgesch. 50,8. — In der provencalischen Dichtung Anspielungen auf die Göttin der Liebe, ihre Lanze, Minnewunden, Heilung: Diez Poesie S. 135 f. Vgl. ferner J. Grimm Ueber den Liebesgott (kleine Schriften II 314 f., bes. 323 Anm. 2), Haupt in seiner Ztschr. XIII 176 zu N. 10,8. Sehr häufig in den C. B; s. a. Scherer in Haupt's Ztschr. XX 353.

Das Glücksrad: schibe 13,39 gât ze wunsche 63,21 enloufet niht ze wunsche 68,19 gie ebene 91,13 gêt enzelt. rat: 77,30 wê gelückes rat.

Ausser einmal in einem Kreuzlied nur in Liedern des Alters. Vgl. Wackernagel in Haupt's Ztschr. VI 135.

Der Magnetstein: 99,25 f. s. Haupt a. d. Lt. Andere Anspielungen auf den Magnetberg s. Bartsch Herzog Ernst, Wien 60. S. CXLVIII f. Für Neidharts Alter ist die Stelle insofern charakteristisch, als sie wahrscheinlich der Lecture entstammt.

Eine Beziehung auf die Heldensage vielleicht 92,7. Hier wird Ilboge, oder wie er sonst heisst (s. Haupt z. d. St.) als lächerlicher Prahlhans geschildert. Von seiner Kraft oder Tapferkeit wird kein Wort gesagt, sondern erst werden die Vorzüge seines furchtbaren Messers hervorgehoben und dann des Schwerts: daz ist gelüppet; er ist mort den ez erreichet; der muoz an der selben stat geligen tôt. Das Schwert, auf das Ilboge so stolz ist, wird hier parodistisch mit den berühmten Schwertern der Heldensage, den Balmunc und Mimunc u. s. w. verglichen, vor allem aber, wie es scheint, mit direkter Beziehung auf die Sage mit Hagens Schwert Dainsleif, „das eines Menschen Tod sein muss, so oft es aus der Scheide gezogen wird, das nie im Hiebe ruht und dessen Verwundungen nimmer heilen" (Weinhold Altnord. Leben, Berlin 56. S. 197). Vgl. MSH III 263a: sin swert das heizt der grimme tôt, wie diese Verspottung der Schwerter

überhaupt in den unechten Liedern viel Nachfolge gefunden
hat s. Uhland Schr. III S. 385 Anm. 10. Auch Veldeke spielt
auf die berühmten Schwerter der Sage an En. 5728 f.

Ich schliesse hier gleich eine Zusammenstellung von
Neidhart's Personificationen an.

Von Begriffen: Ere 34,18 miner frouwen ère 83,12 f.
Minne 55,9 f. 64,16 96,30 f. Saelde 70.32—34, 92,32 f. 100,1
Sige unde Saelde 50,12 Sorge 30,2 vgl. 68,35, Vrômuot
31,28 f. 85,14 f. s. Haupt zu 31,28, J. Grimm Mythologie
Berlin 76. S. 743. Werlt 87,13 f Werltzüeze 83,40 und über-
haupt 82,3 f. Vgl. Mythologie II 739 f.

Von Naturerscheinungen: Meie 3,22 5,2.10 14,23
19,9.38 22,7 23.1.16 besonders 24,24 33,34 Merze: 7,17.25.
Sumer: 5,22—25 49,10 57,24 73,24 76,16 78,11 85,6
92,14 besonders 75,15 f. Winder 17,9 63,6, 92,11 101,20
besonders 74,23. Ferner bluomen 28,16 45,10 boum 5,25
heide 5,9 6,12 10,29,30 18,7 besonders 89,8 linde 15,12
19,8 rife 35,14 walt 9,25 boum unde wise 18,16 rife und
snê 35,6 s. Mythol. S. 639 Uhland Schr. III 17 f. walt und
heide 34,7, Vgl. Mythol. II 629 f.: Meie besonders 633.

Von anderem: herze 100,31 f. ougen 55,4 66,9 f. — Baiern
103,22 Mark 102, 32. — herre knütelholz 65,25 s. Gedichte
Walther's von der Vogelweide, übersetzt von K. Simrock und
erläutert von Karl Simrock und W. Wackernagel II S. 140.

Bei weitem in den meisten Fällen besteht die Personification nur in der Anrede und allenfalls der Ausstattung mit
einigen typischen Attributen, wo lebendigere Auffassung sich
zeigt, habe ich die Stellen hervorgehoben. Besonders merkbar
entbehren die Personificationen der Begriffe einer solchen
Auffassung; bei denen der Naturerscheinung sind stehende
Formeln namentlich für den Mai (sendet wât 5,10 rôsen
14.23 grüeniu kleider 19,9; ähnlich auch 23,1) und für Wald,
Haide u. s. w. üblich (deren gewant 6,12 18,7 kleit 19,8 31,7
wât 5,9.25 10,30 18,12).

Was die Verteilung in die Perioden betrifft, so gehören
die Personificationen von Begriffen und von Dingen ausnahmslos der Zeit von Neidharts Sinken an: die von Naturerscheinungen sind allerdings auch in der Jugendzeit häufig,
aber fast nur in jener formelhaften Verwendung, die später
bloss noch einmal (34,7. in einem Gedicht, das gewaltsam
den Ton der Jugendlieder wiederzubringen sucht) vorkommt;
in der Blütezeit sind auch diese leichtesten Personificationen
selten. Die am weitesten ausgeführte. die Beseelung der Augen
66.9 f. (die Paul a. a. O. S. 559 mit Unrecht unterbricht,
weil 66,20 wilen nicht stehen dürfe, das doch keinen schärferen
Gegensatz ausdrückt als 66.10 und bes. 15 nimmer mer),
gehört dem Beginn der dritten Periode an.

Ueber Personificationen von Begriffen vergl. J. Grimm
Frau Aventiure (kl. Schr. 1 83 f.), Myth. II 739 f. Burdach
S. 33 f., speciell S. 42: bei Walther s. Wilmanns Walther
v. d. Vogelweide Halle 69. (im Folgenden als „Wilmanns
Ausg." citirt) zu 22,16 Burdach 102 106 110: bei Wolfram
s. Bötticher in Pfeiffer's Germ. XXI 315 f.

Die Personification von Naturerscheinungen ist so wie
sie in Neidhart's Jugend auftritt, nämlich rein formelhaft
und ohne lebendige Anschauung, überall häufig s. Erich Schmidt
a. a. O. Anm. 10, 25, 49 Burdach S. 48 Wilmanns Leben
und Dichten Walther's v. d. Vogelweide Bonn 82. (im Folgenden als „Wilmanns Leben Walther's" citirt) S. 209 f.
Lebensvolle Ausführung solcher Allegorien ist nirgends häufig:
die schönste wohl bei Walther 42.20 — 22 und 51,34 — 36
vergl. Wilmanns Ausg. zu 27,23.

Belebung von Körperteilen: Die Augen formelhaft nicht
selten als Boten u. dgl.: eine lebhafte Verkörperung C B.
57,1.13 f.: vgl. auch C. B. 161,2. Vgl. ferner zu Walther
87,9 f. Freidank 115,12 164,3 f. Ueber das Herz speciell:
J. Grimm, Personenwechsel in der Rede, kl. Schr. III 284 f.
Scherer D. St. II 495 f. Burdach 526.

4

Länder angeredet: nur das Gelobte Land Walther 15,8;
Städte: nur Jerusalem Walther 78,14, wohl nach biblischen
Stellen. Der Wiener Hof personificirt W. 24,33, vgl. 84,10. —

2. Religion.

got: angerufen in wirklichem Gebet: hoffend 31,16 75,11
klagend 52,14 bittend 74,33 84,1 88,7 dankend 103,2.20.

formelhaft: in Minnestrophen 30,34 70,35 82,8, in
Scheltstrophen 51,28 61,6 70,35 78,27, zur Beteuerung:
so mir got 20,37 sam mit gotes hulde 29,10 weiz got 43,38
44,19, zur Verstärkung eines Wunsches: durch got 60,6 wergot 37,8 s. Haupt z. Lt. Andere Formeln: got wolde 14,34;
ferner 19,28.

von Gott gesprochen: 83,1 87,19 25,31 88,3 95,20
101,17.

Benennungen ausser got, richer got 74,33, got von
himelrichen 88,7, herre got 61,6 : trehtin 52,14 her 87,25.31
der des Himmels immer walte 30,34.

Krist: nur formelhaft zur Beteuerung 40,39.

himel: 30,34 himelisch 88,7 (beide nur in Apposition
zu got) frônekôr 101,18 paradis 101,19.

engel 87,21 gotes kint 88,3 f. vgl. Lexer I 1576. saelec
95,29 (als Minneterminus s. u.).

tiuvel: nur in Formeln der Verwünschung 9,6 25,13 57,27.

helle: in Gebeten 66,31 95,28.

sêle: in Gebeten 87,18 87,28 88,9.

sünde: 31,11.48 82,16 vgl. 66,33 87,13.

riuwe: in den riuwen baden 87,13 vgl. Walther 7,40
Freidank 35,4 W. Grimm Vridanc S. 334. Ueber Freidank
S. 385. Der Ausdruck stammt wohl aus der Predigt und
geistlichen Dichtung.

kristenheit 87,7.

S. auch u. Staat und Kirche.

Diese Uebersicht zeigt, dass Neidhart die religiösen
Begriffe in der ersten Periode selten und nur formelhaft
gebraucht (9,6 20,37), ebenso in der zweiten (25,13 37,8),
in der dritten dagegen sehr oft und zwar sowohl formelhaft
als im tiefsten Ernste (in den drei Gedichten 65,37 86,31
95,6, die Schmolke S. 20 deshalb auch zusammenstellt, und
in Einzelstrophen). Das Verhältniss ist also äusserlich ganz
dasselbe wie bei den Allegorien, es ist aber hier in noch
höherem Grade charakteristisch. Die ernsten Stellen sind
mit dem zunehmenden Alter und einer inneren Unzufriedenheit des Dichters leicht genug erklärt. Aber dass auch die
formelhafte Verwendung besonders des Wortes got zunimmt —
ein Verstoss gegen das dritte Gebot, den der Sammler der
Handschriften mehrmals beseitigt hat: 43,38 44,19, vielleicht
auch 87,19 — fällt auf.

Neidhart weicht überhaupt hier fast in allem von dem
Gebrauch der andern Minnesinger ab. Er wendet Worte in
formelhafter Bedeutung an, die sie nur in ernster eigentlicher
Anwendung gebrauchen (Krist; in der Epik dagegen z. B.
Nibelungennot her. v. K. Lachmann Berlin 78. 102,11), und
wendet dagegen sêle, dass sie oft in leichterem Sinn verwenden, nur ernst an; er umschreibt tiuvel nie, sie meist,
und er gebraucht got häufiger als ein Zweiter. All dies
scheint volkstümlich.

Es versteht sich von selbst, dass die religiösen Begriffe
in Gedichten entsprechenden Inhalts häufig vorkommen. Was
die formelhafte Verwendung betrifft, so will ich hier bloss
bemerken, dass Neidharts Bekräftigungsformeln sem mir got
und weiz got nur noch Walther und Reinmar haben (weiz
got Reinmar MF 161,14 181,11 203,33 W. 32,26 39,9
58,1 vgl. auch C. B. 168,4 und J. Grimm Personenwechsel
kl. Schr. III 264; semmir got R. 157,13 W. 57,5 82,19),
während die allerhäufigste Formel got weiz wol (Hansen 44,19
Veldeke 68,1 Johansdorf 92,7 Reinmar 160,9 173,30 174,35

175,25 Walther 21,14 30,9) unser Dichter nie hat. Andererseits hat nur er die veraltete Formel wergot, während durch got überall üblich ist (Horheim 113,38 Rute 116,5 Morungen 133,19 Reinmar 162,1 Walther 112,35 unechtes Lied 150,76).

3. Frauendienst.

Ausdrücke, die sich auf den Liebenden beziehen: holt sin in doppelter Bedeutung: wohlwollend gestimmt sein 71,11 72,6, ebenso 73,34 holt werden, und stärker holdes herze tragen, lieben 78,24 und besonders 16,34 72,24. Die erste Bedeutung tritt besonders charakteristisch hervor 33,12 âne herze holt sin. In beiden Verwendungen kommt holt fast nur in einer geringen Zahl späterer Gedichte vor, aber in dem einzigen Ton 69,25—73,24 (bei Haupt drei Gedichte und eine Einzelstrophe) dreimal.

Wahl. diech vür alle wip erkôs 92,18 vgl. 12,2 auch 68,1.

den muot wenden an 66,23 67,29.

ze trûte vinden 66,8 si sol nun gewaltic zeinem vriedel mîn 49,6 (triuten 84,18 s. u.).

der junge meier muotet dîn 27,20 sinnen 41,12 werben 66,16 81,36 94,27.

Minne. minne : unhöfisch 3,10.13 17,25.33.36. 33,6 f. 44,18 100,30 triuten 84,18 vgl. z. B. N N. 1265,4 verkoln sin ûf 70,12 höfisch 9,37 f. 55,9 f. 61,30 f. besonders 96,30 f. bildlich 87,40.

minnen 12,1 43,2 minne bet 56,30 minne gern 33,6.

liebe: 11,28 67,24 94,31 f. 101,2 liep 97,27 minne und liebe verglichen 32,36 f. 71,19 f.

meinen 42,38 48,7 vgl. 11,27 52,33.

senen 56,7 73,25 78,17 send s. u. ich hân gir 99,35.

holdez herze tragen 28,22 39,2 53,9 an den sinnen verhert 61,31 beroubet der sinne 99,12 hât mîn herze betwungen 37,30.

Liebeszauber 101,30 f.

valsche minne 32,39 werde minne 33,1 valschelôsiu minne 72,2.

Dienst. dienst 54,9 58,30 69,37 78,18 79,30 82,26 84,6 87,17 27,40 89,24.29 92.22.26 95,28 99,38.

dienen 56,8 61,26 63,14.39 69,30 76,31 77,1 80,17 81,27 82,18 95,17.25.

dienstman 95,16.

Die Fälle, in denen langer dienst u. dgl. steht, hat Schmolke S. 19 geordnet und ausgebeutet.

understân 67,15 sit ich mich an sie verliez 67,13.

Liebesleid. kumber 40,12 55,3 59,35 69,36 76,29 80,18.

kumberpîn 101,25.

gram 43,29 f. 48,9.

swaere 17,21 25,34 30,6 45,7 58,13 79,27 80,8 94,15.

arebeit 64,2.

leit 55,38 58,18.35 70,30 94,4.35.

ungemach 30,9 77,26 80,23 94,35.

nôt 10,6 11,13 97,21 sorge 55,3 58,29.39.

riuwe 53,39.

jâ verliuse ich den lîp 61,34.

bezzer waere mir der tôt 97,20.

nâch mir sô klaget er sêre 4,27.

daz ich âne vröude muoz verswenden mîne tage 73,31.

Für diese Ausdrücke vgl. Scherer D. St. II 497 f. Erich Schmidt Anm. 43 a und Bock's Abhandlung. Ich bemerke, dass bei Niemandem das Wort kumber derart überwiegt wie bei Neidhart. Bock S. 45 definirt es als „die Lage, in der man ‚râtes‘, der Beihilfe eines Anderen bedarf." Dazu passt vortrefflich die bei Neidhart so häufige Anrufung der Freunde. Auch fehlen bei Neidhart die Substantiva pîn (ausser in kumberpîn) und wê, sowie die selteneren Synonyma. —

Treue. triuwe 46,12 49,4 51,12 54,10 59,4 66,26 89,28 herzentriuwe 58,11 staete 56,10 59,4 72,1 81,28 92,24 staetekeit 92,25 adv. staeteclichen 72,25 vgl. auch Wendungen wie

11,28 43.7 49,3 56,8 76,32.33 89,28 f. 92.24 wandelbaere
16,11.

Hoffnung. lieber wân 52,30 54,6.25 89,26 100,25 101,38
herzelieber wân 58,19 guôter wân 76,37 nâch wâne 66,11
gnâdelôser wân 69,31.

an minen vreuden unverzagt 60,2 vgl. unverzagt beide
an libe und ouch an muote 65,32.

trôst 43,14 54,6 58,21 . 22 troesten 58,10 94,30 unge-
troestet 73,26 gedingen 58,21 guot geheize 41,5 helfe 46,9.

saelekeit 40,10 63.39 saelec 43,1 unsaelec 51,9 saelic
man 89.21 s. Erich Schmidt Anm. 13.

heil 42,37 unheil 53,3 heil gewinnen gegen 12,31 mîn
dinc ergât nâch heile 46,2.

liebez ende 48.3 60,7 minen kumber nâch dem willen
mîn vollende 59,35 volenden 66,16 100,26 mînes willen zende
komen 69.32 willen ervollen 101,1 sines willen vollangen 65,24.

an ir genesen 72,26 gelingen 49,5 nicht gelingen 32,11
100,28 misselingen 64,19 ungelingen 64,29.

nâhen zim gevangen 17.26 küssen 17,30.

getörste ich, jâ waere ich ir zallen ziten gerne bî 46,13
des lîbes gebîten 6,36 ir lîp den mannen versagen 48,31
der ich gerne laege bî 52,33 dô si bî herzenliebe gerne lâgen
32,37 daz diu guote an mînem arme niht enlît 78,19.

Die Hoffnung dem Traum verglichen 101,36 f.

Trauer. trûren 30,9 54,1 66,22.25.27 67,26 73,25 78,17
(beidemal mit senen verbunden) 88,13 89,7 Zweifel. zwivel
64,15 66,29.

Aufsage. widersagen: 88,1 95,15 den dienst 65,34 vgl.
45,24 87,17.

Reue. riuwen 92,28 (als religiöser Begriff und als Ausdruck
des Liebesschmerzes s. o.)

vlust 78,1.

Auf die Geliebte bezügliche Ausdrücke. Benennung mîn
liep 6,15 herzeliep 24,9 trût 24,4 vgl. 66,8.

diu wolgetâne s. Schmolke S. 20 vgl. Haupt S. 172 diu
guote: s. Schmolke S. 20 ein schoeniu vrouwe guot 61,25
ein schoenes wîp 43,14 ein saelic wîp s. u. diu schoene 43,6
63,33 diu liebe 65,17 liebist aller wîbe 58,34 60,3 89,30
daz liepgenaeme wîp 13,38 diu süeze 44,26.

mîner ougen wunne 65,12 67,1.

Ausserdem noch Umschreibungen mit senen dienen usw; zu
bemerken: nâch der ich min herze tougen swanc unde ir mînen
lîp ze dienste twanc 32,9 nâch ir hulden ich vil gerne singe 40,4.
In solchen Fällen beliebt ein wîp — 47,1 f. 51,7 f. 63,8 99,11 f.

Von den bäuerischen Geliebten werden Namen genannt,
so Vriderûn und Jiute, ferner Künze 37,25 f. Ave 41,12
Bride 42,12 f. und besonders noch Irmengart 11,1 38,7 45,14.
Dagegen wird an höfisch gehaltenen Stellen das Verbot der
Namensnennung beobachtet: 69,1 f. vgl. Uhland Schr. IV 25.

Die Geliebte als Herrin. diu vrouwe min 60,22 73,30
101,27 mîne vrouwe 62,15 82,6 13,22 87,14 vrouwe 66,28
herzenliebe vrouwe mîn 94,22

herzen küneginne 48,7 71,35 78,5 herzeküneginne 66,26
mînes herzen küneginne 94,29; dagegen mînes herzen ingesinde 56,13

meisterinne 11,36 15,2 siehe Haupt zu 102,32 Schmolke 22.

ir gebot 60,4 alles des sie mir gebôt 67,16.

Lob der Geliebten.

prîs 83,26 vgl. 43,25 48,36

lop 83,10 f. 39 84,7 99,24 100,29 lobesam 43,26

saelec wîp 58,14 61,33 80,19 ir saelekeit 40,10 daz si
saelic sî! 43,1

unwandelbaere 28,24 43,3 aller wandelunge vrî 43,27
vgl. 100,39 wandelbaere 82,39 vgl. 95,20 wankelmuot 24,30
dîn muot ist iteniuwe 23,24

das beste wîp diech mit ougen ie gesach 97,28 die
hân ich für die besten her vermaeret 66,7 vgl. 49,1 66,7.12
69,13 f. güete 54,23 69,34 80,13

Lob der Schönheit: 11,29 37,31 swer die lant nâch
wiben gar durchfüere, der deheiner gunde ich baz miner
lieben muoter zeiner snüere 37,25 f. vgl. Wilmanns Ausg.
zu 40,33

sist ein wip daz ir lip zaeme wol ze minne einem grâven
41,14 f.

Vgl. die Sammlungen von Erich Schmidt, Lehfeld (in
Paul und Braune's Beiträge II, 344 f.) Burdach und Wilmanns; für die prov. Dichtung Diez Poesie S. 139 f. ·

Gruss. gruoz 70,28 seine grüezen 42,16 über schildes
rant nigen 74,11 vgl. Wackernagel in Pfeiffer's Germ. XVII.
122 zu Jw 1002 mir wirt ein blic 18,31

si denket min, in swelher mâze ez si 46,10

Gunst. gnâde 48,5 51,9 54,7 58,6.20 61,26 77,35
97,35 99,30 gnaedec 80,10 .

danc 99,19 danken 4,28

lôn 54,12 . 21 58,30 . 32—34 64,1 . 15 66,29 81,14
82,19 95,25 . 27 37,35 99,19

hulde 40,1 53,12 54,29 56,22 58,20 63,19 64,18
67,39 70,5 97,39

holdez herze tragen 61,37 vgl. o.

lônen 54,22 58,5 . 33 63,16 66,24 72,4 77,2 80,15
82,18 ungelônet 67,17

leit wenden 40,11

tuon sorgen vri 52,31 vgl. 43,2

Ungnade. ungnâde 59,3 . 6 77,29 82,8 92,37

niht vervâhen 73,32 89,24 92,20 vgl. 87,12 niht nâhen
gên 89,19 (vgl. R. 180,19) versmâhen 64,10 78,18 97,32
ich versmâhe ir zeinem vriedel 78,22 vgl. 49,6 versmâhen
lân 27,27 versagen 56,31 92,27 94,14 versprechen 29,13
verzîhen 100,30 misselingen 66,17

spottelachen 64,11 vgl. hoenen 33,14 für ein spil
haben 76,36

gram sin 43,29 48,9 vêhen 59,1.

Umkehr. muot verkêren 63,23 f. 80,20 sich verkêren 82,27

Tadel des Geliebten. sich sünden 46,11 61,32 — so abgeschwächt, dass es MF 5,37 heisst: Ez sündet sich swer des niht geloubet, wie man jetzt umgekehrt scherzhaft sagt: Wer's glaubt, wird selig. missetuon 92,38

waer inder wibes güete dâ, die nehaete sich sô lange bi ir niht verholn 80,14.

Auf die Liebende bezügliche Ausdrücke.

Wahl. den ich hân erwelt ûz allen mannen 22,33 vgl. 52,6

Benennung. lieber vriunt 30,14

lieber man 30,25

Namensnennung verweigert 23,26 f.

Lob des Geliebten: 16,30 f. güete 30,14

Minne. minne 3,13 9,37 f. 17,33

minnen 16,27 28,35

holt sin 22,24 31 f. 28,22

der sinne berouben 10,2 20,22 vgl. 17,31

min muot der strebt gên — 27,38

Liebeszauber 17,30 f. Vgl. ferner 3,6 21,23 f.

Liebesleid. wunde 9,35 f. 10,4 f.

sorge 10,20 20,39 30,18

leit 11,7 30,9 . 12 ungemach 30,9 ungemüete 30,12 swaere 17,21 quâl 10,7

min herze sêret 30,19.

waz wirret dir? 30,21.

riuwe 30,22 trûren 9,31 10,15 16,21.

Dienst. durch sinen willen 16,35 28,31 vgl. 21,18.19 23 f. 22,31 f.

Gunst. den wil ich umbevâhen 4,20 ist anders niht ergangen? 17,28 daz ein wiege vor an dinem fuoze stê 7,28.35 f. (Nach Paul a. a. O. S. 555 würde auch 4,25 hierher gehören, wo er die Lesart von c wiederherstellt).

vröude 7,31 9,24.28 10,18 16,16 33,45.

Reue. mich riuwet 18,1 vgl. 7,27 f. 21,7 f. bes. 92,28.
Auf Dritte bezügliche Ausdrücke:
    Bewachung. huote 5,26 hücten 14,31 20,8. Vgl.
ferner 8,20 f.
    Nebenbuhler: verdringen 43,35 hindan dringen 57,37
79,34 von lieber stat dringen 74,7 von lieber stat verdringen
89,38 91,21 von ir verdringen 77,17 von ir hulden dringen
79,39 f. der mir für ir hulde stât 70,5 hulde erwenden 56,22
hulde hât er mir verlorn 67,39 hulde verren 54,29 vrömde
machen 89,13 vreuden versûmen 57,20 schaden 5,15 werren
prüeven 53,2 78,26 verstôzen 54,12 77,31 gelücke verkêren
70,11 niht gelingen lân 64,20 vgl. ferner 52,37 54,20 63,26
Nebenbuhlerinnen — wort machen 38,60 Haupt z. d. St.
    Ich würde bei diesem Verzeichniss nicht so ausführlich
gewesen sein (manches mag mir trotzdem noch entgangen
sein), wenn nicht grade hier Genauigkeit erforderlich wäre,
um über das Wesen der höfischen Dorfpoesie ins Klare zu
kommen. Denn hier sind wir am Kern der Sache: nirgends
wie an dieser Stelle berühren hier, vermeiden dort sich die
Erscheinungen der nachgeahmten Volksdichtung und der erlernten Hofdichtung. Brauchen wir auch noch Anderes, um
hierüber ein Gesammturteil aussprechen zu können, so lässt
sich doch Manches schon hier erkennen und zum Teil nicht
Unwichtiges.
    Ich bemerke, dass liebende Frauen nur in den Reien
vorkommen, während in den Winterliedern stets Neidhart
und die Bauern als Liebhaber auftreten. Man wird schon
aus dem obigen Verzeichniss sehn, dass die Liebesstrophen,
die Neidhart Mädchen in den Mund gelegt hat, wenn auch
nicht grade zärtlicher doch natürlicher und wahrer klingen
als seine eignen. Sie gehn grade auf das Ziel los, und wenn
dies auch bedenklich sein mag, haben doch ihre Worte vor
der Art, wie der Dichter selbst dasselbe Ziel erstrebt, viel
voraus. Aber allmählich sehn wir hier die ganze Minne-

terminologie sich durchsetzen. In den ersten Liedern kaum
ein Wort aus dem Wortschatz der strengen Hofdichtung, nur
jene beiden merkwürdigen Gedichte 9,13 16,38 ausgenommen,
die ausschliesslich dieser termini sich bedienen. In den andern
aber kaum etwas von minne, senen, leit — gradaus wird das
Gefühl in Handlung oder erst in den Wunsch danach umgesetzt; statt aller Floskeln einfach, durchaus im Ton des
Volkslieds: ich volge dem knaben werden. Der Dichter hat
sich hier von der Terminologie frei gemacht: aber es handelt
sich hier auch um Lieder von liebenden Mädchen, für die
als Vorbilder nur die selbst volkstümlichen alten Frauenstrophen, keine Verse Hausen's oder Reinmar's dienen konnten,
deren einmal geheiligte Ausdrucksweise der Schüler gleich-
wohl zuerst hierher übertragen hatte. Und allmählich dringen
sie zum zweiten Mal ein; schliesslich sprechen 29,27 die
beiden gespilen ganz reinmarisch: herzensenede swaere, trûren
leit und ungemach, senediu sorge — wie verschieden von
dem Ton der gespilen 15,21 f.!

Die Entwicklung, die wir hier mit Händen greifen
können, sehn wir ebenso in den Minnestrophen Neidharts
selbst, nur dass hier der Unterschied der Perioden doch nicht
so gross ist. Nichts ist dafür so bezeichnend wie das allerhäufigste Wort: dienen. In den beiden ersten Perioden
kommt es gar nicht vor, 53,35 zuerst und dann in nahezu
regelmässig steigender Häufung in eigentlicher und uneigentlicher
Bedeutung. Aber auch die andern Termini sind in den
beiden ersten Abschnitten in den Minnestrophen der Winterlieder (und nur um diese handelt es sich hier) selten. Schmolke,
der S. 7 die Minnestrophen zusammenstellt, hat nur die höfisch
gehaltenen gezählt, während grade der Vergleich mit den
andern wichtig ist. Volkstümlich sind noch gehalten 37,9 (vgl.
29—33) 40,1 (vgl. 41.14—16) 43,25 46,8 48,36 und 49,3
51,7 53,9 54,5; schon fast ganz höfisch 56,8 58.1 und 9
und 17 58,35 66,23. Die dann folgenden rein höfischen

Minnestrophen, sowie 42.34 55,1 61,18—39 führt Schmolke
auf. Es ist richtig, dass unter den eben von mir angeführten
Strophen einige nicht bloss Minne enthalten, aber dies ist
von den bei Schmolke gesammelten, z. B. bei 79,18 ebensowenig der Fall.

Vergleichen wir nun die Synonyma in diesen Strophen der
verschiedenen Perioden, so sehen wir durchweg, wie einfache
schlichte Ausdrücke durch die steifen Formeln der höfischen
Galanterie ersetzt werden. Das schöne „diech meine" (vgl. Lexer I
Haupt zu MF 142,20 Mhd. Wl. II 1071 und besonders 2080;
so noch Schenkendorf „Freiheit die ich meine" s. Zupitza Einführung in das Studium des Mittelhochdeutschen Oppeln 74.
S. 75), die nahe liegenden innigen Worte gram und riuwe (bei
den Minnesingern lange nicht so häufig wie swaere und kumber,
sorge und leit, nur Veldeke ausgenommen der riuwe öfter hat
Erich Schmidt S. 103) verschwinden und kumber swaere leit
treten ein, ganz zuletzt noch kumberpin, trûren gehört ganz der
dritten Periode an. Von den Gegnern heisst es zuerst einfach:
si verdringent, dringent hindan; dann dafür von lieber stat, von
ir hulden dringen. Noch deutlicher bei den Ausdrücken der Er-
wartung. wân bleibt, aber für einfache Worte wie trôst (auch
bei Dietmar nur im ersten Liederbuche Scherer D. St. II 498)
helfe saelekeit treten immer mehr gezierte Wendungen ein wie
volenden, sines willen zende komen, an ir genesen. Dem
Anfang der letzten Periode gehört noch der energische Ausdruck
52,32 an vgl. 46,13; dasselbe wagt Neidhart später noch
einmal zu sagen, aber nun mit höflicher Umschreibung (78,19;
vgl. hierzu C. B. 127 und 140 und MF 200,26 und Erich
Schmidt S. 74; Weinhold Spicilegium formularum S. 27
Scherer D. St. II 462). Wieder deutlich dasselbe in der
Bezeichnung der Geliebten; in der ersten Periode heisst sie
min liep, diu wolgetâne (so auch, doch seltener, später; diu
guote überall), diu süeze; in der dritten diu schoene, oder
gar mit echten Hofformeln liebist aller wibe, miner ougen

wunne; und nur hierher gehören bis auf 48,7 die Fälle, wo sie
als Gebieterin bezeichnet wird. Anfangs wird ihr Name
genannt, später verboten: die höfische Art hat eine Concession
mehr erreicht (vgl. Schröder S. 80 Anm. über Neidhart 69,1).
Nun hat man gemeint, das alles sei so zu erklären, dass diese
Strophen einer höfischen Geliebten gelten, nicht mehr
Bäuerinnen (so Liliencron S. 100). Eben desshalb war es
nötig zu zeigen, dass in den Frauenstrophen dasselbe sich
zeigt, und dass der Uebergang ein stufenweiser, überall ein
dringender ist, den wir in Zahlen belegen können. Wir haben
darüber noch weiter zu handeln.

Noch ein beachtenswertes Moment zeigen diese Auf-
stellungen: das Lob der Frau ist ungemein schwach und nur
in dürftigen Phrasen vertreten. So blieb der Dichter immer
innerhalb seiner Art zu dichten und änderte nur den Ausdruck
für das, was er gewohnt war zu sagen: neues zu sagen lernte
er nicht. Die Minnebeteuerung mit der Rhetorik des Liebesschmerzes, der Hoffnung u. s. w. brauchte er auch in der
Frauenstrophe, fand er auch in der volkstümlichen Dichtung.
Aber das Lob der Geliebten beruht dort mehr in der Ver-
sicherung der Liebe, die sie erregt, als in den Complimenten,
die die galante Damenverehrung grade hier zu einem stehenden
Formelschatz ausgeprägt hatte. Und die Anschauungen der
Hofdichter blieben der höfischen Dorfpoesie auch da fern, wo
sie am meisten höfisch ist. Dafür spricht auch die Tatsache,
dass in Neidhart's Minnestrophen die merkaere ganz fehlen.
Wohl handelt es in den Reien sich um huote (5,26 14,31 20,8
37,34 f.), aber diese hat nicht die geringste Aehnlichkeit mit
jener Bewachung der höfischen Geliebten; und grade so wenig
hat der Dichter, wo er eine solche feiern soll, je die dörferlichen
Nebenbuhler in höfische Merker umgewandelt. Höchstens könnte
man 24.6 (vielleicht ein späterer Zusatz zu einem früheren Liede)
hierherziehen, wo übrigens die Erwähnung der Neider in der
altertümlichsten Form gegeben ist (vgl. MF 4,30 13,29 37,15

Scherer D. St. II 457). Dagegen findet jene unhöfische Art
der huote, wie er sie oft hat, Analogien nicht nur in den
französichen Pastourellen (C. Hofmann Sitzgsber. der Kgl. Bayr.
Ak. d. W. 1863. II 301 f.: por ma meire Perenello he souvent
me bat le dos Bartsch Altfrz. Romanzen und Pastourellen
Leipzig 70. 24.31 en sur ke tout s'ai je mere, s'an voloie
faire here, tozt me bateroit mon dos 26,31 se fais ke ma
mere l'oie, ja n'avra merci 34,35 por vos serai batue), sondern
auch sonst in der volkstümlichen Dichtung (z. B. C. B. 50,4
52,6 und 88,2, diese beiden freilich in Gedichten, die den
Pastourellen nachgeahmt sind).

Man könnte einwenden, jene Worte, die Neidhart in den
ersten Perioden (erste und zweite sind hier kaum zu scheiden)
anwendet, seien doch auch bei den Minnesingern übliche
Worte. Aber nicht nur von ihnen gepflegte. Neidhart lässt
zuerst (9,13 16,38) Frauen sprechen, aber er wagt noch nicht
von der Sprache der Meister abzuweichen und die Rede ist
hier affectirt, angelernt, etwa wie wenn Goethe in seinen
Knabenjahren in jenem feierlichen Kanzleistil spricht, der
ihm im Alter wieder eigen wurde (s. z. B. Dichtung und
Wahrheit, herausgegeben von G. v. Loeper Berlin I S. 240).
Dann wird seine Rede durch den volkstümlichen Stoff gefördert, natürlich und frei. Nach der Spiegelaffaire wieder
ein Bruch: er nähert sich der höfischen Art und wählt
natürlich zunächst die Ausdrücke der Minnesinger, die
immerhin noch zu seinem Stoff passen; zuletzt wird aber
die Sprache ganz höfisch — mitten in den inhaltlich immer
roher werdenden Gedichten reine Minnestrophen. Und dies
ist die Entwicklung von Neidharts Verhältniss zur volkstümlichen und zur höfischen Richtung, wie wir sie weiter
überall (nur noch mit schärferer Scheidung der ersten beiden
Perioden) bestätigt finden werden.

Besonders ist noch das Wort ungemach zu bemerken.
Meines Wissens steht es überhaupt nur bei Neidhart für

Liebesleid und nur in ganz späten Liedern: er hatte sich das
Wort von seinen anderweitigen Klagen angewöhnt und als er
nun, wie Reinmar, immer neue Worte für Liebeskummer
suchte, verwandte er auch dies dazu, das den echten Minnesingern dafür zu matt war.

Ferner sind zwei Ausdrücke des Lobs merkwürdig: 37.25
und 41,14. Der erste Ausdruck ist entschieden volkstümlich
und erinnert an jene Umschreibungen, wie: „meines Vaters
Sohn" für „ich" u. dgl., wie sie noch jetzt im Volksmund
in heiterer Rede nicht selten sind (J. Grimm Personenwechsel
kl. Schr. III 242 Anm., besonders aber S. 269, wo auch
unsere Stelle schon in diesen Zusammenhang gestellt ist;
(Parc. 406,13, so noch z. B. Schmeller, Bairische Mundarten,
München 21. S. 542 u. s. w.). Die zweite aber ist gradezu
aus bäurischer Anschauung herausgesprochen. Der Höfling
sagt: sie ziemt sich für einen Kaiser (N. N. 50,3 vgl. Freidank 115,20 Wilmanns Ausg. zu 37,38), der Bauer: sie
ziemt sich für einen Grafen (vgl. z. B. Seifr. Helbl. II 886,
wo der Knecht gelobt wird: du rechter grâf sinnes unde
muotes, wie vorher 884 dû hâst geseit die wârheit als ein
bischof). Beide Stellen gehören der Jugendzeit an. —

4. Sittenlehre.

Ich stellte hier alle auf Gemütsvorgänge oder deren Ausdruck bezüglichen Worte, die in der vorigen Sammlung keinen
Platz fanden, mit den Begriffen der Sittenlehre wie zuht,
hôchgemûete u. dgl. zusammen, weil sie von diesen, wie
schon die höfische Pflicht, gemeit zu sein, (Haupt zu 17,2)
zeigt, schwer zu trennen sind. Hier gebe ich wieder nur, was
bemerkenswerte Veränderungen zeigt.

zuht 17,2 32,7 61,2 70,25 83,7 besonders 96,11—17,2
in dem altklugen Gedicht 16,38, die andern in Liedern des
Alters. fuoge: (mit vuoge 17,23) guote fuoge 72,29 guote siten
101,12 (site allgemein 33,8 47,16.22) — genau ebenso.

hoerescheit 19,32 59,19 vlaemische hoerescheit 54,36
hövesch 45,19 hoevelich 81,34 höfschen 53,38 68,11 100,5.15
vgl. Uhland Schr. III 463 Anm. 17 Wilmanns Ausgabe zu
37,16 Henrici a. a. O. S. 71 f. Lichtenstein Eilhart von Oberge
Strassburg 77. S. CLXV.

vlaemen 82,2 vlaemisch 54.36 Flaeminc 102,34 vgl.
Wackernagel Altfrz. Lieder und Leiche S. 194 Litteraturgesch.
43,4 Uhland Schr. III 388 Anm. 22 Scherer Litteraturgesch.
S. 146.

mâze 48,22 81,32 formelhaft 46,10 86,18.

Von all diesen Stellen kommt ausser 19,32 keine einzige
auf die Jugendzeit, und nur wenige auf die zweite Periode.
Die Scheltwörter dieser Region, wie ungevüege dörperlich getelinc
sprenzelaere gouch üppekeit gogelheit fallen ebenfalls so gut wie
ganz in die letzte Zeit; wie sie allmählich an Heftigkeit und
Mannichfaltigkeit zunehmen, verlohnt sich nicht im einzelnen
zu belegen. Hierher gehören auch die aristokratischen
Aeusserungen 41,13 (s. o.) 51,24 86,23 91,15 (zu der letzteren
Stelle vgl. Haupt S. 223 und, wie schon Rudloff S. 11 bemerkt,
Helbling VIII 387). Besonders ist 86,23 zu beachten: das
steife Compliment werdez ingesinde macht unzweifelhaft, dass
dies Lied bei Hofe vorgetragen wurde, was wir von den
späteren Gedichten zwar ohne dies annehmen würden. Denn
jene Wendung unseres Dichters zur höfischen Art hing unzweifelhaft damit zusammen, dass er mehr und mehr den persönlichen Verkehr mit den Bauern aufgab, durch üble Erfahrungen aller Art gereizt und bei ihnen durch den immer
herber und schonungsloser werdenden Spott mehr und mehr
verhasst. Dafür haben wir auch ein interessantes ausdrück-
liches Zeugniss in seiner unzweifelhaft hierauf bezüglichen
Trutzstrophe bei Haupt S. 231:

Her Nîthart, ê was iuwer sanc gemeine gar:
nû welt ir in um die ritter eine hân.
tugenthafte knehte iu nimmer solten werden holt.

„Herr Neidhart. sonst sangt ihr für Jedermann, nun aber wollt ihr nur noch den vornehmen Herrn gefallen". Natürlich musste diese Entfremdung von den bäurischen Kreisen ihrerseits dazu beitragen. den Dichter immer weiter von seiner ursprünglichen volkstümlichen Art abzubringen. —

êre 16,10 33,5.15 34,18 65,28 82,23 83,7.12. 94,14 96,36 97,8 besonders aber 6,32 21,24 72,30 96,11 nur formelhaft 23,16 vgl. 21,37 42,22.

Diese Stellen gehören ausser 21.24 und 65,28 (wo êre in sehr abgeschwächtem Sinn steht) den frühesten Gedichten an (6,32 16,10) oder aber den spätesten, 65,28 selbst immerhin schon der Zeit des Verfalls. Die Stelle 21.24 aber vergleiche man nur einmal etwa mit 83,7 oder 97,8 und man sieht auf einen Blick. wie Neidhart von dem fröhlichen Leichtsinn der Bauernlieder sich entfernt und das höchste Schlagwort des Hofs (s. Benecke zu Iwein V. 1) zu gebrauchen sich angewöhnt; dass eine neue Anschauung aber damit nicht verbunden ist, zeigt ebenso deutlich 34,18 oder 96,10—11, die beide ganz gleich im Alter wie 5,35 in der Jugend die Grundidee von Neidharts ganzem Dichten ausdrücken.

scham 17,3 57,29 sich schemen 78,37 96,33 erschamt 60,17 schamerôt 41,27 52,20 vgl. 90,4 schamelôs 82,28.

sich gezemen 31,34 78,9 95,35 100,22 enzemen 71,13 zimt als einem der wil toben 51,19 stüende baz 83,7.

kiusch 71,31 kiusche 82,30.

Nur aus der dritten Periode, ausser 17,3 — dies in 16,38!

Das unhöfische Wort gemeit 17.2 40,37 (Jänicke De dicendi usu W. de Eschenbach Halle 60. S. 6 f. Schilling De usu dicendi U. de Zatzikhoven Halle 66. S. 18—19. Meinloh gebraucht das Wort noch: von den späteren Minnesingern so viel ich sehe nur Walther, einmal 51,22 in einem Neidharts Art sehr nahe kommenden Lied) wird durch vrô 35,12 52,29 58,19 59,2 63,2 72,27 89,36 (unvrô 59,38) ersetzt, ausserdem noch 80,28 Veldeke's Lieblingswort blîde. Dass die Worte

gedult zorn verdriezen u. dgl. fast ausschliesslich der dritten
Periode zufallen, zeige ich hier nicht näher, weil man dies
aus dem Inhalt erklären könnte, der für das neue Auftreten
der echthöfischen Termini keine Erklärung bietet. Es wird
unsere Darlegung wieder durch die Tatsache bestätigt, dass
das zweite Schlagwort der höfischen Kreise, saelde, erst im
Alter erscheint: 64,4 70,33 77,31 83,23; hier treten auch den
überall häufigen vreude (in den Reien 21 mal, in den Winterliedern 38 mal, dazu 6 mal sich vreuen, 80,21 vreuen) starke
Ausdrücke wie heil gelücke wunne zur Seite, von denen die
Jugendzeit nur einmal in einem Kreuzlied 12,32 heil (u. 19,37
26,13 sumerwunne hat) — gerade dieselbe Erscheinung, wie
wir sie bei den Ausdrücken des Liebesschmerzes hatten, und
wie wir sie ähnlich wieder bei den Worten für Kummer und
Betrübniss überhaupt beweisen könnten.

Wir lassen andere Zusammenstellungen dieser Art, die
immer wieder dasselbe ergeben, fort und bemerken nur noch,
dass die Ausdrücke mit denken, wissen, vergessen u. dgl. ausser
der Formel 45,32 (aller mîn gedanc; ebenso 87,17) und der
Stelle 10,17 in jenem ältesten Lied 9,13 alle ganz späten
Gedichten gehören. Die zunehmende Reflexion kommt so schon
ganz äusserlich zur Erscheinung.

Wir haben damit die Betrachtung der Abstracta und der
damit verknüpften Begriffe beendet und daraus über die Entwicklung des Dichters einiges Neue gewonnen: wie allmählich
überall, überall aber nur äusserlich in Ausdrücken und Formen
das Höfische bei Neidhart sich festsetzt, während seine Gedanken
und Anschauungen sich nicht weiterbilden, ist ganz objectiv
bewiesen. —

Noch möchte ich erwähnen, wie oft ein Wort nur in
einigen wenigen Liedern steht, die bei Haupt nur durch geringen
Raum getrennt sind. Beispiele sind arebeit, ausser 11,32 nur
70,20 und 72,4. tretzic, nur 57,34 59,9, gehellen nâch nur
56,36 57,32 mich nimt wunder nur 83,36 87,3 88,18 und

mich wundert nur 66,35 69,37 (vûr wunder hân 97,20; ebenso hat Reinmar mich nimt wunder 160,26 162,23, vgl. 171,1 180,29 und 179,28). Dies könnte Zufall sein, da ähnliches aber (von eigentlichen Wortspielen und Häufungen ganz abgesehen) sich auch innerhalb einzelner, namentlich späterer Töne beobachten lässt (ein Beispiel: holt sin und werden, wurde schon erwähnt), spricht das vielleicht für die Richtigkeit der Reihenfolge in R. und damit bei Haupt; denn nach jenen Worten sind die betreffenden Gedichte doch nicht geordnet worden. —

Concreta.

Belebte Wesen.

Alles daz diu werlt nû hât beslozzen 23,5.

al diu crêatiure die der himel hât bedaht und darzuo diu erde treit 72,11 (vgl. C. B. 118,2 omnis creatura 132,1 quelibet vivens creatura).

Auch hier ist wieder zweimal ganz dasselbe ganz verschieden ausgedrückt: in der Jugend mit schlichtem und volkstümlichem Ausdruck, im Alter höfisch, mit einem Fremdwort und gepaarter Antithese.

5. Personen.

Gestalten aus der Sage und aus der Dichtung fehlen gänzlich. Aus der Geschichte: künec Karl 28,37 102.18 — nur im Alter.

Personen aus der Zeit des Dichters:

Gönner: Herzog Friedrich 73,11 75,6 84,11.17 85,20.29 101,6 f.; der Herr von Schöneliten 79,16 (s. Haupt z. d. St. u. in s. Ztschr. XIII 180) und Herr Troestelin 85,34 (s. Haupt's d. Lt. u. Bartsch Deutsche Liederdichter Stuttgart[2] 79 S. 343). Ausserdem könnte 30,36 an einen Herrn von Lengenbach gerichtet sein s. Haupt z. d. St. In keinem bairischen Liede wird ein Gönner genannt.

der keiser 31,7 f. 102,8 f. s. Haupt a. d. Lt.; rein formelhaft 65,13.

Verwandte: min liebe muoter 37,28 — vielleicht blosse
Formel; vgl. Otfrid I, 2,2.

Seinen eigenen Namen nennt Neidhart oft, was sonst nur
wenige Lyriker tun (Wackernagel Littgesch. 52,24 66,36—37
70,2); sein Gebrauch, sich am Schluss als Autor zu nennen,
ist unzweifelhaft der volkstümlichen Gewohnheit nachgebildet,
wie sie die Volkslieder besonders epischer Natur noch jetzt
bewahren. Uebrigens nennt unser Dichter sich nur von Riuwental
(Liliencron S. 97 Anm. Haupt zu 4,25).

Geliebte: Die bäurischen Geliebten werden anfangs mit
Namen genannt, später nicht mehr; ist eine höfische Geliebte
anzuerkennen, so würden ihr die oben gesammelten höfischen
Bezeichnungen gelten.

Bauern und Bäuerinnen: Die allgemeine Bezeichnung der
Bauern ist dörper (vgl. Bechstein in Pfeiffer's Germ. VIII 333)
nur in Winterliedern und mit zunehmender Häufigkeit: 35,26
44,1 54,12 57,10 60,11 61,5 62,22 65,23 74,12 79,3 80,29
81,17 88,19 90,8 95,5 93,8 96,6 98,28; dazu dorfman 93,18
dorfknabe 100,6 dörperdiet 64,20 — alles selten ohne be-
schimpfendes Attribut. Ferner gebûwer 27,23 29,19 51,25
vrîheitstalt 29,12 der junge meier 27,20—21; meier heissen
ferner Eberhart 39,23 Guote 44,34 Mangolt 62,2 Friderich 57,3;
ein meierhof 42,5 Adelber wird 39,12 meister genannt, Merhenbreht spricht 44,28 von seinem meister, Gunderam 49,15
Erbenbreht 50,36 herre (natürlich ironisch s. Schröder S. 78),
Küenzel 36,37 trüther. Ein kneht wird 57,2 und besonders
96,38 f. erwähnt (im übertragenen Sinne kneht von Engelbreht
42,27, von Neidhart selbst 103,13). Man sieht, dass die
gleichgiltigen oder gar lobenden Titulaturen zuletzt ganz und
gar dem verachtungsvollen Wort dörper weichen. Die Zunahme
des Bauernspotts haben wir schon mehrmals beobachtet und
auch schon erklärt, wie die Rohheit, die dabei zum Vorschein

kommt, mit Neidharts sonstigem Streben nach höfischer Eleganz doch dieselbe Quelle hat: die Entfremdung vom Volk.

Für die Bäuerinnen kommt ausser dierne 46,27 diernkint 53,29 dorfwîp 40,28 kein Wort vor. Die meisterinne, die mehrmals erwähnt wird, scheint mir am natürlichsten 47,2 der benachbarten Stelle 44,28 analog als Dienstherrin aufzufassen, an den andern Stellen (s. Haupt zu 102,32 Schmolke S. 22) als Geliebte, denn dort ist von der meisterinne einer Magd die Rede, hier von der Neidharts. Sonst werden die Bäuerinnen entweder schlechtweg diu muoter, diu junge, ein wîp oder dgl. genannt, oder durch Namen oder Umschreibungen bezeichnet.

Andere Stände kommen (ausser phaffen formelhaft s. u.) nicht vor, die schon besprochene Stelle 86,23—24 werdez ingesinde daz bî hoveliuten ist gewahsen unde gezogen ausgenommen. Neidhart selbst betitelt sich als knappe und ritter nur in den Reien, da er in den Winterliedern stets selbst spricht. In jenen heisst er knappe 3,5 6,26 vgl. 4,25 (s. Haupt S. 104) ritter 20,32 22,22 23,36 24,27 27,22 30,30. Daraus, dass 17,26 von einem Ritter gesprochen wird, könnte man schliessen wollen, 16,38 sei später gedichtet als 3,1 3,22 6,19. Nun wird man freilich die Lieder, in denen er sich ritter nennt, denen nachsetzen müssen, in denen er knappe heisst; nur aber nennt der Dichter 17,26 sich nicht Ritter, sondern spricht hier nur überhaupt von einem Ritter als Helden eines Liebesverhältnisses, wobei er wohl an sich gedacht haben mag, sich aber noch nicht wirklich einführt; eben dies habe ich als einen weiteren Beleg für das höhere Alter von 16,38 zu verwerten gesucht. In all den andern Stellen nennt Neidhart sich gradezu; 23,26 wird wenigstens durch 24,4 aufgelöst und zu 22,22 fehlt offenbar der Schluss von 21,34 s. Haupt zu 22,37. — Formelhaft die knappen alle 18,24 die ritter 27,28.

Die Bauern erscheinen in den Winterliedern durchweg mit Eigennamen; die wenigen Ausnahmen schienen später so auffallend, dass sie zu der Gestalt eines Ungenannten verschmolzen wurden, der Hauptfigur der Neidhartischen Legende. Von den Mädchen ist in den Winterliedern nur die Heldin von 46,28 nicht benannt, welches Lied auch sonst eine Sonderstellung einnimmt, und von dem unmittelbar vorhergehenden 44,36. das ich auch sonst mit 46,28 zusammengestellt habe. Die Umschreibungen für die Geliebte in den späteren Gedichten gelten einer im Hintergrund bleibenden, nur einmal (99,20 f.) selbst auftretenden Frau.

In den Reien dagegen dringen die Eigennamen erst allmählich durch: die junge, die zuerst nur so genannt wird, tritt erst in den Jiuteliedern mit einem Namen auf; in dem dritten kommt der Scherzname Lempel hinzu. Dann wieder nur daz magedin u. dgl.; 25,14 neben dem Namen Vriderûn zuerst ein Dörpername: Engelmâr. Weiter wird dann in 26,23 zuerst die eine Gespielin benannt (Wierât 27,6 wie schon vorher 11,1 Irmengart 18,21 Adelheid) dann 28,36 beide (Wendelmuot 29,5 Richilt 29,10); endlich 31,5 in einem Lied, dessen Aehnlichkeit mit den Winterliedern in die Augen fällt, zahlreiche Bauern und Bauernmädchen. Wir sehen hier also die Eigennamen an Umfang gewinnen, wenn auch dazwischen immer wieder Lieder mit unbenannten Figuren vorkommen (28,1 29,27 33,3, wo zwar in den verlorenen Strophen noch Namen genannt sein könnten, diu ander 33,9 aber dies unwahrscheinlich macht. In 32,6 33,15 war keine Gelegenheit, Namen zu nennen). Den Grund hierfür haben wir gewiss in der zunehmenden Individualisirung dieser Gestalten und der persönlichen Satire vieler späteren Lieder zu suchen, den Grund für die Namenhäufung der spätesten Gedichte in der geringeren Feinheit der Kunstmittel des gealterten Dichters: die Häufung soll komisch wirken, und zu diesem Zweck haben sie denn auch die Nachahmer weidlich ausgebeutet. Bei den Reien beweist all dies zunehmenden Einfluss der Manier der Winterlieder auf die Reien. Zu bemerken ist noch, dass die ersten

Eigennamen, die Neidhart bringt, ausser Jiute im Herzog Ernst vorkommen: Adelheid und Irmengard; doch scheint die vrouwe Irmengard (Herzog Ernst D. 5557 vgl. Neidhart 38,7—8) nicht aus dem alten Gedicht zu stammen (Bartsch LXV). Wieder die allerletzten Nennungen zeigen allein (ausser jenem Scherznamen 21,11) Beispiele von komische Wirkung beabsichtigenden fingirten Namen: Limizûn und Holerswam 88,23—24 (von denen zwar der erste doch vielleicht ein richtiger Name ist s. Haupt Zeitschr. XIII 181) Walberûn 81,18 Mandelzwi oder Eberzant 77,10.15, vielleicht auch Wezerant 74,22. Auch dies haben die Nachahmer stark benutzt, auch richtige Namen des Dichters umgedeutet, z. B. Elsemuot in Eselmuot. Ich erwähne das, weil es auch wieder unsere Reihenfolge bestätigt: grade die späteren Lieder unseres Dichters wurden am meisten nachgnahmt, weil naturgemäss anfangs Neidhart (trotz seines Selbstruhms 16,30 f.) noch nicht so populär war, noch nicht in dem Grade Schule machte wie später. Auch fanden augenscheinlich die Winterlieder, denen er sich immer ausschliesslicher widmete, mehr Anklang als die Reien.

Eine Zusammenstellung der Eigennamen selbst wie der Verwandtschaftsangaben, durch die Neidhart einzelne verbindet, hat für unsere Aufgabe keinen Wert. Dagegen ist bezüglich des unbestimmten Subjects zu bemerken, dass in den älteren Fällen dafür recht häufig si steht, oder ein lebendiger Ausdruck wie diu kint, diu schar; im Alter nimmt dagegen das steifere man sowie genuoge zu. Und selbst wo die Namen der handelnden Personen eben erst genannt sind, hat die dritte Periode des Reimes wegen eine so gezwungene Construction wie 74,9 oedeclichen wart von in — gesprungen statt si sprungen oedecliche. 40,33 seht dô wart ze zeche vor gesungen ist anders, weil es sich hier wenigstens wirklich um ein allgemeines Subject handelt. —

6. Tiere.

Ausser dürre miule 49,8 kommen nur Vögel vor und zwar vogele sehr oft, fast in jedem Natureingang; daneben noch nahtegal zehnmal, droschel 26,29 lerche 35,5 merlin und zisel 31,25 — alle in Natureingängen. Die gesuchte Verwendung anderer Vogelnamen statt der allein volkstümlichen Nachtigall bezeichnet die dritte Periode.

Viel öfter kommen Tiere in Vergleichen vor und zwar sind diese Vergleichungen alle volkstümlich gehalten und von Tieren hergenommen, die den Bauern wohl bekannt sind, einzig den Löwen 77,20 ausgenommen, der bezeichnend genug (ähnlich wie in der Tiersage Wackern. Litteraturgesch. 58,3) an die Stelle des Bären 36,15 tritt. —

Leblose Gegenstände.

7. Natur.

Ich hebe hier wieder nur hervor, was Verschiedenheit unserer Perioden aufweist. klê wird durch das weniger volkstümliche gras ersetzt: in bairischen Liedern nur einmal (24,20, auch schon ziemlich spät) gras, in öesterreichischen nur einmal (76,11) klê (Hartman im Iwein hat nur gras 6446 und 334 6490 4698; ebenso z. B. Veld. Aen. 9027 dat he dôt viel an dat gras, dagegen Herzog Ernst D. 1392 Der anger und der gruone cle wart von yren wunden rôt. Zatzighoven hat dafür V. 25746 sogar krût s. Schilling a. a. O. S. 8). Aehnlich wird für wise anger häufiger. Die echt volkstümliche Nennung der Rose ist in den beiden ersten Perioden häufig: 14,23 18,7 24,19 25,26 41,37 46,36, dagegen in der dritten selten: 26,27 27,10 34,11 63,9 64,26 besonders aber 94.33 f. — hier höchst charakteristischer Weise in einer Allegorie (Ueber das rôsen brechen s. Uhland Schr. III 418 Anm. 160 Wilmann's Ausg. zu 2,40); zuletzt wird sogar rôsenkrenzel 19,14 25,29 vgl. 21,14 25,28 27,11 und ebenso noch 96,13 durch bluomenkranz ersetzt 81,6 vgl. 13 102,3. (20,36 und 24,22 sind die Kränze

nicht näher bezeichnet, dagegen 17,12 wieder in einem der
beiden ältesten Gedichte berührt sich mit den spätesten. Die
bluomen rôt 57,5 vertreten natürlich die Rosen). Ebenso kommt
die echte volkstümliche linde (vgl. Walther von der Vogelweide
übers. v. K. Simrock S. 187.88 Erich Schmidt Anm. 49; für
Neidhart speciell Uhland Schr. III 397 Anm. 70; sogar
Hartman macht im Iwein aus einer Fichte seiner Vorlage eine
Linde s. Benecke zu Iwein 568) in den beiden ersten Perioden
nicht weniger als neunzehn Mal vor, in der dritten nur zweimal:
28,10 62,36. Hier wird Niemand von Zufall sprechen können. —

8. Ackerbau und Gewerbe.

das si nibt enbranten unze man gesaete 32,31 bûwes
phlegen mit ir phluoge 84,21 daz ich bân — ninder gênden
phluoc 94,2 — bildl. (so W. Grimm Vridanc S. 385 zu
155,13) oder eigentlich zu verstehen? riutelstap 96,34 bildl.
s. Haupt z. d. St. riutel 39,12 weibelruote 61, 11—12
(spöttisch für ein Schwert: daraus hat der sog. Seifr. Helbl.
VIII 309 den Gedanken gesponnen: ich wolte — daz im würde
daz swert ze einer riutel) hanifswinge 61,11 kepelisen 55,38
(ebenfalls Schwertspott) acker ern 44,28 garnet 103,6 gerste
sniden 36,35 salz und korn koufen 39,33 (sprichwörtl. für die
Sorgen eines Gutsherrn vgl. die hübsche Stelle Iwein 2807 f.
und speciell 2827—29) korn sprichwörtl. 90,33 weize bildl.
40,1 heu tragen 48,32.

sac mit salze, mache si mir zam 62,16 nû tuont in die
secke vil gedon die dâ dicke ritent sinen kragen 68,38 ge-
hârphet in der mül bildl. 69,38.

den garten jeten 18,39 garten rûeben laere tuon 43,4
vgl. 23 er wil selbe sticken unde zinnen bildl. 102,23.

flahs swingen 47,2 rocken 25,9 spinnen 24,35 den ermel
besten 8,34 die si selbe vlaht âne golt ûz glanzer sîden 71,6.

derreblahe 47,35 drischelstap 39,11 rechen 8,7 al mîn
wisenmât 62,28 fuotergras 102,37.

Gegenüber der Mannichfaltigkeit der vom Ackerbau und anderen ländlichen Beschäftigungen in den beiden ersten Perioden entnommenen Ausdrücke und Bilder tritt die spätere Seltenheit hervor: nur noch das Sacktragen und Pflug und Pflugreute.

Andere Gewerbe kommen nur in Gleichnissen vor, sie aber grade fast nur in älterer Zeit, ausser 9,25 f. 10,4 f. in Neidharts ältestem Gedicht, und den leichten Fällen 13,25 18,32.

Von der Jagd: stric 18,32 vindes stric 95,8 weidegenge 50,15 sneller danne ein holz 65,21 sin bölzel schiuzet 64,9 in dem drühe lit 95.26 (ebenso Freidank 36,14 vgl. W. Grimm S. 334). glücke bejagen 52,31 sinen phennic bejagen 95,31 vreude ûz al den landen jagen 96,8: alle dreimal in zwei sich folgenden Tönen. Ferner das Schiessen der Minne 10,4 f. (vgl. Erich Schmidt Anm. 50). Vom Handel: krâm 9,25 f. (das ausgeführteste Bild, das Neidhart hat) market 51,27—28 solhen wehsel nement die dâ minnent an ir koufe 55,8 solhen kouf an solbem gelt 86,27 alsô kan sin treiros dich verkoufen 21,31. Diese Bilder, nirgends selten, z. B. Rugge 97,22 Walther 76.38 borgen 100,29, sind am häufigsten bei Hartmann; so in den Liedern MF 206,13 209,37 211,22 und vor allem die bekannte Stelle Jw. 7143—7170. Dem entspricht wieder genau, dass das einzige frühe Lied unseres Dichters, das ein solches Bild hat, 9,13 ist. — Von der Arzneikunst: 9,33—35 erzenîe 10,3 17,16 f.: nur in den beiden ältesten Gedichten. — Von der Schneiderei: mit rôsen underwieret 34,11 (vgl. Wackernagel Littgesch. 43,41). — Vom Lastentragen: bürde 66,32 überladen 68,15 99,16 under minen vreuden einen ungevüegen last 78,28 den er (der rife) in die secke schoup 76,4, besonders aber vreuden voller sac 77,2 (letztere beide Stellen in demselben Lied). Endlich noch ein niuwes (liet) briuwen 13,25 mîner arbeit habent sî mir vil gebrouwen 70.20 (vgl. Mhd. Wb. I 260); si giengen alle tage als ein gesmirter wagen 55,28. —

9. Haus und Zubehör.

In der Mehrzahl der hierher gehörigen Ausdrücke ist ein
Unterschied der Perioden nicht wahrzunehmen; überall ist ihre
Häufigkeit bezeichnend für Neidhart's realistische Verwertung
des wirklichen Lebens.

Unterschiede zeigen sich dagegen deutlich in der Bezeichnung der weiteren Umgebung des Hauses, in den Ortsnamen.
Man bemerkt, wie sehr dieselben sich in den späteren Liedern
häufen; fast alle gehören der österreichischen Zeit an, also dem
zweiten Teil der dritten Periode. Dies entspricht nun nicht
einfach der zunehmenden Freude an Eigennamen; das gilt nur
für einen Teil, und dann treten die Angaben auch meist zu
mehreren auf, den Häufungen von Bauernnamen in späteren
Liedern vergleichbar: Ungerlant Rômânîe Valbe Tiutsche Unger
Rin 102,24 f. Wien Rust Michelhûsen Persenicke 84,23 f.
Rin Elbe Phât Oesterrîch Lugetal Lugebach (mit allmählicher
Verengung des Gesichtskreises) 93,15 f., und so mag dasselbe
auch für die Zunahme der rein formelhaften geographischen
Namen Elbe (73,23 93,15—16) Rin (13,20 21,16 73,23 93,15
102,31) Tiutsche (32,21.30 102,29 vgl. 11,21, gewiss nach
Walther 9,8, welche Stelle auch in unechten Neidharten nach-
geahmt ist, s. Wilmann's Ausg. zu 49,42, ferner 85,22 98,33
102,36 s. Haupt z. d. St. Wackernagel Litteraturgesch. 43,44)
gelten.

Aber bei den meisten Namen liegt der Grund anderswo.
Einestheils sind die älteren Strophen wirklich gegen bestimmte
Dörfer und 2. T. in ihrer Mitte, den Gegnern oder deren Freunden
ins Angesicht gesungen wurden und konnten genauere Bezeichnungen derselben entbehren; die späteren dagegen, grossen-
teils mehr typisch gehalten, bedurften einer solchen Unterlage.
Dann aber dienen diese Angaben dem Dichter zur Sicherung
seiner Autorschaft. Neidhart klagt in einer für das Verständniss
seiner Persönlichkeit wichtigen Strophe, nun er Reuental ver-

loren habe, werde man seine Lieder gar nicht mehr als die
seinen erkennen — weil nämlich er sich darin nicht mehr
als den von Reuental selbst nennen kann. Es ist die Einzelstrophe 74,25. Ich verstehe dieselbe so: Jemand hat den
von Riuwental aufgefordert, zu singen (vgl. 88,14). Da er-
widert er nun: „Das bin ich ja gar nicht mehr (nû lâzet mich
des namen vri) — lasst euch doch von dem etwas vorsingen,
der jetzt Herr von Reuental ist (74,29)". Wie er nun hier
zugleich wegen des Verlustes des Lebens und des Namens
grollt, so bezieht er auch schon in der vorausgeschickten
Klage sich auf beides: 74,28 mit der sogen. Ironie, wie sie
mhd. so beliebt ist: „ich besitze jetzt weder Eigentum noch
Leben" — aber dem allen stürzt die Klage voraus, dass er
den Namen eingebüsst hat, unter dem er berühmt geworden
ist: „Nach welchem Ort (wâ von) soll ich denn nun mich
in meinen Liedern bezeichnen? Früher erkannte man mich
wohl" — nun bî Riuwental „in der ganzen Gegend um
Reuental", die er jetzt verlassen muss, gäbe ja an sich einen
ganz guten Sinn, aber wegen des vorhergehenden und des
folgenden Verses muss man, wie ich meine, es anders fassen,
gleichsam bî „Riuwental": „erkannte man mich dadurch leicht
als Verfasser, dass ich am Schluss des Liedes Reuental nannte,
und das sollte ich auch fernerhin tun dürfen" (Belege für
bî bei war nemen kiesen erkennen u. dgl. s. Mhd. Wb. I
113a, 48 f.; bei Neidhart so 19,37: die sumerwunne ich bî
der vegele reide erkande; sich verstên bî 62,22 s. Haupt a. d.
Lt.). Ist diese Interpretation richtig, so bestätigt die Stelle
Liliencron's Beobachtung, dass Neidhart sich nie mit seinem
Personennamen nennt, und sie erklärt, weshalb die Ortsnamen,
die in der bairischen Zeit fast ganz fehlen, in der oesterreichischen so häufig werden. Sich selbst hat der Dichter,
der sich früher so häufig nannte wie kein zweiter mhd. Dichter,
in der Tat nicht wieder genannt, denn die letzte derartige
Stelle 30,31 gehört wahrscheinlich einem bairischen Liede an,

zu dem die oesterreichische Str. 30,36 erst später zugedichtet
wurde. Aber er fand jenes neue Mittel, seine Autorschaft an-
zudeuten: er füllte die letzten Lieder mit geographischen
Namen aus der Umgebung seines neuen Wohnsitzes. Nun
wusste man schon, wer auf die Bauern der Dörfer um Medelich
herum Spottlieder dichtete. Dies also bringt die meisten Ortsnamen in seine Lieder; in früherer Zeit steht einzig Witen-
brüel 35,27 so. Zuweilen steht in den späteren Liedern dann
die Bezeichnung ganz allgemein, so wenn 86,29 das March-
feld, 86,1 88,20 91,8 das Tulnerfeld als Sammelplatz der
getelinge genannt wird; meist aber wird die Ortsangabe mit
einem einzelnen Bauernnamen in Verbindung gebracht. Auch
diese Tatsache bestätigt also das Bild von Neidharts Entwicklung, das wir uns schon gebildet haben; zugleich widerlegt unsere Erklärung den Einwand, den Uhland (Schr. III 461)
gegen Haupt's Zeitbestimmung erhoben hat — den einzigen
Versuch, die Grundlagen unserer Chronologie der Gedichte
Neidharts zu erschüttern. —

10. Kleidung und Schmuck.

Nirgends tritt der Unterschied zwischen der lebhaften,
frisch ins Leben greifenden und nach der Natur zeichnenden
Dichtung Neidharts und der steifen, überlegt nach Regeln und
in Phrasen dichtenden Poesie der strenghöfischen Minnedichter,
vor allem ihres Meisters Reinmar, so grell hervor wie hier.
In den verschiedenen Perioden aber kommt ein Unterschied
nur insoweit zur Erscheinung, als er in verschiedenen Graden
der technischen Fertigkeit und Verwendung dieses bei Neidhart
überall reich vertretenen Materials sich zeigt. Jene Regel, die
Lessing so schön entwickelt hat, die auch die Spielmannsepen
befolgen, so dass auch die höfische Dorfpoesie aus der volkstümlichen Dichtung, nicht aus der Kunstpoesie dies gelernt
haben wird: die Umwandlung von Beschreibung in Handlung,
sehn wir Neidhart mehr und mehr praktisch sich aneignen,

dann aber mit abnehmender Kraft wieder aufgeben. Von dem
aller Handlung entbehrenden Gedicht 9.13 hebt er sich zu
prächtigen Scenen, die uns Alles wie greifbar vor die Augen
treten lassen, wie die fliegende Beschreibung des eiligen Auf-
putzes zum Tanz 24.38 f., und sinkt dann wieder zu einer
steifen Herzälung der Kleidungsstücke wie 74.13 mit der ge-
zwungenen Einleitung, mit dem zweimaligen tragent si — si
tragent, mit dem Flickwort 74,15. Im Einzelnen aber ergiebt
diese Abteilung nichts Näheres für unsere Aufgabe. —

11. Teile des menschlichen Körpers.

Hierfür gilt ganz dasselbe, was wir für die vorige Sammlung zu bemerken hatten. Nur einmal ergab sich mir hier
schlagend ein Unterschied der Perioden, aber dieser auch, wie
mir scheint, in besonders hohem Grade überzeugend. sowohl
weil durch die grosse Zahl der zu Gebote stehenden Fälle ein
Zufall einfach ausgeschlossen ist, als auch weil es sich hier
um scheinbar ganz untergeordnete Dinge handelt, deren Betrachtung dennoch vortrefflich zu dem stimmt, was die Behandlung der wichtigsten Punkte uns für die Entwicklung unseres
Dichters lehrt.

Hierher habe ich nämlich auch die Worte für die Tätigkeit
der menschlichen Organe: sehen, hoeren, sprechen u. s. w. gezogen.
Neben anderen kleineren Verschiedenheiten zeigt sich hier nun
jener Unterschied, von dem wir eben sprachen, in der Behandlung
der Einführung der Sprechenden in den Dialogen und Monologen
(letztere selten) der Lieder. Es stehen drei Wege offen: den
Sprecher vorher, inmitten oder am Schluss seiner Rede, oder
endlich gar nicht zu bezeichnen (zu mehrmaliger Bezeichnung
wie oft in den langen Reden von Veldcke's Aeneis ist hier
kein Raum). In den Gedichten der ersten Periode nun dominirt
die Einschaltung des Redners ganz entschieden: alsô sprach
7,3 9,36 so sprach 4,4 so redete 16,7 sprach 7,11 8,23 14,31
16,15 17,13.20 20,8.39 — wir sehen noch weiter, wie der

Dichter bei zunehmender Gewandtheit allmählich unterlässt, diesen fliegenden Zwischensatz durch ein also, so aufzuhalten. Vorherige Nennung des Redners haben aus der Jugendzeit zunächst jene beiden ältesten Lieder: ein stolziu meit sprach 9,39 din muoter sprach ze der tohter 17,24 (daneben die schwere Einschaltung mit alsô 9,36), dann das zweifelhafte 3,1: dô sprachs ein alte in ir geile 3,15; ferner 6,19 Ein jungiu meit sprach 6,24, wo aber diese Lesung erst durch eine freilich nötig erscheinende Conjectur Haúpt's hergestellt ist, und endlich auffallend oft das Lied 20,38: Diu muoter rief ir nâch sî sprach 21,7 iz sprach diu stolze meit (iz sprach nur hier) 21,22 diu muoter sprach 21,27. — Diese Art der Einführung der Rede nun aber hat in der zweiten und dritten Periode entschieden das Uebergewicht: 23,17 (s. Haupt z. d. St.) 23,23 24,29 26,35 30,4 33,9; eingeschaltet dagegen nur sprach 23,26 28,24 29,5. So in den Reien; in den Winterliedern finden sich hauptsächlich nur in den beiden ersten Perioden solche Redestücke; hier wird in der Jugendzeit nur eingeführt: 38,1 38,4, in der Blütezeit eingeschaltet oder eingeführt: eingeschaltet mit sprach 44,27.37, eingeführt 45,22 46,24 48,27, ebenso an der einzigen Stelle in später Zeit 88,14. Bedenkt man nun, dass schon die frühesten Winterlieder der zweiten Periode nahe stehen, und dass jedenfalls die beiden Fälle 38, 1 und 4 in demselben Gedicht nichts beweisen können, so stimmt dies Verhältniss mit der Veränderung überein, die die Reien so deutlich zeigen: Abnahme der Einschaltung gegenüber der Einführung.

Nun entspricht aber diese Aenderung ganz der Entwicklung in der Bezeichnung des Redners, wie wir sie im Minnesang finden. In den ältesten Liedern wird ausnahmslos eingeschaltet: namenlose Lieder sprach 5,6 6,5.25 Kürenberc sô sprach 8,16 Dietmar alsô reit 32,3 alsô redete 32,9 und noch Veldeke: sô sprach 57,12. Aber alle späteren führen die Rede ein: Gutenburc ich wil si aber und iemer biten 72,20 Rugge Sô sprichet 98,28.33 Morungen sô mac ich — sprechen

wol 127,39 wer dâ sanc 132,7 Manger der sprichet 133,21;
Reinmar immer in ziemlich zahlreichen Fällen: war umbe
sprichet manic man 150,21 Ich sprich iemer 173,6 maneger
sprichet 173,29 daz er spreche 179,35 und sprach 185,5
Spraeche ein wip — 195,28 so mac ich wol sprechen 196,22:
einzig 203,10 ist eingeschaltet sprach —, aber dies Gedicht
hat Erich Schmidt S. 76 Reinmar (und eben dieser Einleitung
wegen auch Rugge) abgesprochen. · Endlich Hartmann: Ich
sprach 207,11 Maneger grüezet mich alsô 216,29 mir geschach
daz ich sprach 217,6. In der Mitte steht Johansdorf: eingeschaltet sprach — 94,35 sprichet — 95,14, eingeführt dô
sprach 87,14 sâ dô sprach 93,14. Besonders lehrreich Walther:
er hat die Einführung sechszehn mal: 9,38 10,26 11,13.25
24,33 25,14 32,30 34,5 37,14 37,36 44,1 48,25 64,30 88,15
98,30 117,29 dagegen die Einschaltung ein einziges Mal: 74,22
alsô sprach ich: dies aber in einem der am entschiedensten
volkstümlich gehaltenen Gedichte. Ja die Verschiedenheit scheint
über die Lyrik hinauszugehen: in den 250 ersten Strophen der
Nibelungennot ist die Bezeichnung des Redners in 13 nach
Lachmann echten und 10 unechten eingeführt, d. h. sie ist in
beiden Classen gleich häufig, da 130 echte 120 unechten Strophen
gegenüberstehen; eingeschaltet sind dagegen 19 Fälle in echten,
aber nur 8 in unechten Strophen, so dass sich starke Abnahme
der Einschaltung herausstellt. Der Grund dieser Erscheinung ist
vielleicht, dass die nach Glätte strebende Kunstdichtung die Einschaltung zu unruhig fand und die Einführung auch deutlicher.
Die dritte Art, dass die Rede überhaupt nicht eingeleitet wird,
ist bei unserm Dichter selten: 3,4 10,32 18,16 19,37
24,13—40,1, also nur in den beiden ersten Perioden; bei den
Minnesingern kommt dies von der ältesten Zeit (z. B. in dem
unechten Dietmar 37,4) bis zur höchsten Vollendung (z. B.
Reinmar 178,1) vor, doch so, dass in späterer Zeit dann meist
die ganze Strophe als von dem betreffenden Sprecher vorgetragen fingirt wird, während in älterer Zeit meist eine Ein-

leitung des Dichters vorhergeht; die Hofdichtung entfernt auch damit eine, freilich keineswegs störende, Unebenheit. Vermeidet Neidhart diese Art später, so liegt dies teils daran, dass bei ihm die Rede einen ungleich wichtigeren Raum einnimmt, als bei den andern, und deshalb Hervorhebung verlangt, teils auch weil diese Hervorhebung des Redners noch besonders nothwendig wird in dialogischen Stücken, wo Neidhart wie fast alle Dichter den Gegenredner so gut wie nie einleitet (nur 8,28 16,15 23,23.26 33,9). Vgl. übrigens J. Grimm Personenwechsel Kl. Schr. III 281 f.

Nicht mit solchen wirklichen Redestücken zu verwechseln sind gewisse ganz kleine Einschiebsel direkter Rede oder eines in Form derselben wiedergegebenen Gedankens, eine besondere Eigentümlichkeit der mhd. Lyrik. Solche Sätze werden überall durch vorherige Bezeichnung eingeleitet, wovon höchstens die Stelle Walther's 31,23 eine Ausnahme macht; Neidhart hat so 39,17 67,12 74,24 100,35, doch all dies sehr leichte Fälle, der letzte charakteristisch, weil im Gegensatz zu den anderen von echt höfischem Gepräge. Ueber solche Stellen handelt J. Grimm a. a. O. S. 287 f., besonders S. 289 Anm.

Indirekte Rede hat wohl kein zweiter mhd. Dichter so oft wie Neidhart, was sich (wie z. B. bei Heine) aus Anschluss an die Sprache des täglichen Lebens erklärt. Daher sind die Fälle am seltensten zur Zeit der höchsten Kunst und am häufigsten bei gesunkener Kraft: 4,29 37,29 42,28 in der ersten Periode, 23,23 in der zweiten, 51,17 56,39 62,18 64,37 70,40 88,17 100,37 in der dritten Periode. Vgl. J. Grimm Personenwechsel Kl. Schr. III 279; über den Uebergang von indirekter in direkte Rede vgl. ebendaselbst S. 279 Anm.: Haupt S. 178 f. und Zeitschr. XIII 179; für Eilhart s. Lichtenstein S. CLVII, für Veldeke Behaghel CXXVI, für Wolfram Jaenicke S. 29 Bötticher in Pfeiffer's Germ. XXI 284. —

12. Essen und Trinken.

Hierüber findet sich bei Neidhart nur weniges, recht im Gegensatz zu der Häufung in den unechten Liedern und gar bei Nachahmern wie Steinmar und Hadlaub. Ein Unterschied der Perioden ist kaum zu bemerken. Gleichnisse hiermit auffallender Weise nur in Liedern, die der Blütezeit nahe stehen: 13,36 41,25 42,39 47,8 50,32. —

13. Fest und Tanz.

Ausdrücke, die Fest und Tanz betreffen, sind, der Entstehung und Anwendung der höfischen Dorfpoesie entsprechend, natürlich überall häufig. Verschiedenheit der Perioden zeigt sich darin, dass Neidhart zuerst mehr als Dilettant, dann immer bestimmter als Berufsdichter auftritt. So wird das Dichten in den späteren Liedern immer häufiger erwähnt; es fällt in die Augen, wie hier das Wort singen fast stets als „dichten" zu verstehen ist, in den älteren Gedichten dagegen als „vortragen". Bei den Stellen der Reien macht schon ein Ausdruck wie 21,21 letztere Bedeutung unzweifelhaft, grade wie es von andern 39,28 40,21.33 so gebraucht wird; aber auch die Stellen in den Winterliedern geben so den ungezwungensten Sinn; schlagend ist noch 62,21, die einzige derartige Stelle aus der dritten Periode. In der ersten könnte höchstens 18,29 an sich die Bedeutung „dichten" haben, aber 21,12 (vgl. 42,1—2) beweist, dass es sich auch hier um Vortragen handelt. Dagegen von den Stellen, die Minnestrophen betreffen, sind nur wenige unbedingt vom wirklichen Vortrag zu verstehn; denn wenn es z. B. heisst 51,7 die wil niht gehoeren swaz ich singe, so braucht gehoeren hier nur unser „erhören", allenfalls „gütig anhören" zu bedeuten und andere Stellen wie 67,10 69,38 f. vgl. auch 77,7 f. zeigen, dass dies die bessere Interpretation ist. — Dem ähnlich stammen die Stellen, wo er vom Lesen und auch nur formelhaft vom Schreiben spricht (102,36—100,9 vgl. Erich Schmidt Anm. 40) wie die Reminiscenz aus eigener

Lecture 39.25 aus dem Alter (während die biblische Anspielung 95,29 — 32 s. Haupt z. d. St. eigenes Lesen
natürlich nicht voraussetzt. — Andere Verschiedenheiten in
der Handhabung der hierher gehörigen Ausdrücke lassen sich
hier noch nicht behandeln. —

14. Staat und Kirche.

Die abstracten Begriffe, die in diese Abteilung fallen, sind
schon in den ersten Sammlungen vereinigt: êre riuwe u. s. w.
Von Concretis finden sich bis auf einige Ausdrücke aus dem
Rechtswesen nur sehr wenige ganz formelhafte Phrasen: durch
des landes êre 33,15 er sî eigen oder vrî 83,5 u. dgl. mehr,
auch diese schon fast nur in der dritten Periode. Die Bilder
aus dem Rechtswesen selbst (55,15 65,25 richten hulde swern
100,16 f. verlohen, eit, staben 100,16 f. 31,13 vride noch suon
103,18 suon 65,20 81,26 97,12 buoze) gehören alle der Zeit
des Verfalls an, denn 39.10 f. scheint es sich um ein wirkliches
Sühnverfahren zu handeln, durch einen älteren Bauer und vielleicht einen Dorfrichter eingeleitet, und ebenso ist z. B. 6,34
21,23 35,25 wie 27,30 78,6 von wirklichen Gelöbnissen die
Rede. Dass dem jugendlichen Dichter diese Gleichnisse ferner
lagen als dem gealterten, begreift sich; sie treten für die ab-
nehmenden Bilder von den ländlichen Beschäftigungen ein. —
Dem Ende der zweiten Periode gehört das ausgeführte Gleichniss von der Pfändung 48,24 f. an, in einer an Hartmann er-
innernden Weise durchgeführt. —

B. Die Attribute.

Nachdem wir nun die Materialien von Neidharts Dichtung
vollständig betrachtet haben, gehen wir zur Betrachtung der
wichtigsten Attribute über. Nur der wichtigsten, denn alle
näheren Bestimmungen zu behandeln, wie sie in Nebensätzen,
in Appositionen, Contrastwörtern, ja in der Stellung im Satz,

in der Betonung liegen können, würde viel zu weit führen und
liesse sich doch nicht erschöpfen. Ich habe mich deshalb auf
die Zusammenstellung von Neidharts wichtigsten Adjectivis,
sowie seiner sämmtlichen Farben-, Zahl- und Zeitangaben
beschränkt. —

1. Neidharts Beiwörter.

Die Adjectiva stehen mit wenigen Ausnahmen attributiv
(nur vrô nie, das überhaupt ungern flectirt wird Mhd. Wb.
3,414 a) und sind meist als Epitheta ornantia aufzufassen.

Ich gebe wieder nur die Zusammenstellung derjenigen
Worte, die etwas für unser Thema ergeben.

kleine: vogelin 6,9 41,35 43,15 48 54,3 grasemügge
8,31 — stimme 28,2 — tuoch 41,5 hübe 61,13.

lieht: ougenweide 4,2 15,23 17,10 (nach Benecke und
Haupt) 22,2,39 24,18 25,25 26,33 78,11 tac 13,8 36,22
42,26 58,25 76,27 vîretac 51,30 56,35 sumertac 99,3 sumerzit
69,25 sunne 76,18 79,21 schîn 19,39 21,14 50,37 95,11
rôsen 18,6 bluomen 48,2 — gewant 6,12 wât 8,2 10,30 19,29
21,1 varwe 6,3.

lieht ist ein Lieblingswort Morungen's vgl. Scherer D. St. II
495 Anm. Burdach S. 49 und Wolfram vgl. Burdach Anm. 17.

liep: sumer 13,19 49,10 55,19 58,25 85,6 sumerzit 6,31
32,15 89,3 zit 26,24 tac 59,34 — heide 52,22 nahtegal
23,13 vgl. Uhland in Pfeiffer's Germ. III 129 Erich Schmidt
Anm. 10. — vriunt 30,14 87,4 man 30,25 kint 31,15 herze
94,15. — maere 25,33 33,29 wân 52,30 54,6.25 89,26 100,25
101,38 lôn 58,30 82,14 ende 60,7. — diu liebe und liebist
aller wibe s. o. stat 89,38 91,21.

niu: loup 3,25 11,9 17,4 19,7 25,15 28,11 ris 4,37
krenzelin 80,38 schuohe 42,25 vezzel 75,10 — schulde 81,20
— liet 21,2 59,5 sanc 35,17 41,39 61,27 79,31 87,14
minneliet 85,33 liedel 67,6 wîse 83,24 klenke 80,16 ein niuwez
13,35 75,32 vgl. 4,10; vom Sang der Vögel 13,10.

oede; „ein Lieblingswort des Dichters" Haupt zu 90,11:
ganz 39,26 52,3 gouch 49,19 54,38 93,27 krage 41,8 60,33
96,24 kroph 60,39 adv. 60,16 74,9 89,1.

schoene: sumerzit 31,17 — wîp 43,14 vrouwe 62,25
diu schoene s. o. adv. 4,5 8,16 10,30 18,4 45,13 92,1.

sende: herze 13,13 14,7 51,1 herzensenede swacre 30,6
senediu nôt 10,6 11,13 sorge 10,10 30,2.18 58,16 rîuwe 30,22.

senelich: swacre 32.7 nôt 53,15 97.21 klageliedel 78,20.

stolz: ritter 20,32 leien 13,18 kint 5,14 6,5 magt 9,39
21,22 25,8 28,17 magediu 18,9 81,2 man gesach mich stolzer
nie 41,36 adv. 18,23 22,14.18. Vgl. Freytag Bilder aus der
deutschen Vergangenheit II Leipzig 8 S. 47 Er. Schmidt Anm. 7;
C. B. 104a 111a. Doch benennt Neidhart ausser 81,2 nur
in Reien die Mädchen so.

süeze: tou 17,11 kraft (des Mais) 17,17 meie 28,21 weter
58,27 73,24 — schrei (der Vögel) 32,14 stimme 28,2 29,32
(wieder in zwei sich folgenden Tönen) sanc 22,5 wîse 6,8
25,18 — minne 44,26 (vgl. sûriu minne 44,13) — lip 69,17.

trüebe: tac 43,21 54,1 68,18 (vgl. die tage truobent
36,24 58,27) sunne 76,19 — ouge 72,21 — muot 65,3
(prädicativ).

wunneclich: zît 24,15 tac 36,22 69,26 meie 31,5 — heide
17,9 bluomen 38,11 holden 28,12 (prädicativ) — wât 10,30
— schal 8,19 adv. 19,19 25,31 26,34 29,31. —

Der Unterschied der Perioden, vorab der Abschnitt, den
die Spiegelgeschichte macht, tritt hier mit merkwürdiger Schärfe
hervor. Der warme Ton wirklicher Freude an der Natur, der
die Lieder der Jugend und Blütezeit erfüllt, verlischt. Die
Vögel werden nicht mehr mit den fast zärtlichen Beiworten
kleine und liep angeredet, der im Anfang so häufige Ausdruck
liehte ougenweide kommt nur noch in den ältesten Reien der
dritten Periode, dann nur noch ein Mal sehr spät vor, obwohl
es so gut wie 78,11 auch in andern Winterliedern Platz gefunden hätte. Das Schwinden der Sommerfreuden wird mit

immer mehr abstracten Worten geklagt; wie es statt meie
mehr und mehr sumer, sumerzit heisst, so statt din süeze kraft
vom Frühling: dine süezen weter. Dagegen den Menschen
gegenüber schlägt der unglückliche Dichter jetzt einen innigeren
Ton an: statt mine vriunde heisst es nun liebe vriunde, ebenso
liebiu kint, guote man. Das gilt den Zuhörern; für die Bauern
werden die beschimpfenden Beiwörter immer häufiger, und geil,
anfangs ganz harmlos verwandt, wird zum Spottwort, bis mit
31,38 der Dichter zu dem alten Gebrauch zurückkehrt. Dass
wunneclich ganz verschwindet, trüebe immer häufiger wird,
bezeichnet den Umschlag der Stimmung.

Daneben Zunahme der höfischen Lieblingsworte. Nur der
spätern Zeit gehören davon an schoene (vorher nur das Adverb)
senelich (sende, ausser in dem ältesten Gedicht zweimal, in der
Jugendperiode nur noch in den Kreuzliedern dreimal) und die
für den Minnesang so bezeichnenden Titel der Frau: reine
(wip: 71,38 72,10 in demselben Gedicht, vgl. Freytag Bilder
I S. 528) und saelic (wip 58,13 61,33 80,19 vgl. Erich
Schmidt Anm. 13).

Man bemerke auch, wie das überall häufige Adjectiv niu
zuerst fast nur für die Zeichen der sich verjüngenden Natur
verwandt wird, dagegen in der Zeit des Verfalls fast ausschliesslich zum Anpreisen der letzten Produkte des Dichters.
In diesem Sinn gebrauchen es auch wohl die andern Dichter
(Rute 117,25 Wolfram 7,13 C. B. 110,1 116,2 vgl. N. 25,32;
ähnlich Reinmar 165,10, worauf Erich Schmidt S. 50 wohl
zu viel Gewicht legt, wenn er das Gedicht deshalb für den
Anfang eines neuen Liederbuchs hält), aber keiner auch nur
annähernd so häufig wie er; Stellen wie 67,6 haben gradezu
etwas Marktschreierisches. —

2. Farbenangaben.

blâ: bluomen 34,10

brûn: bluomen 34,10 hâr 88,26 vgl. 102,22

grâ: hâr 44,38 loc 68,9 102,1 in minem schophe grâ
74,10 min hâr, das gevar ist als ein is, das grâwet mir 93,1 f.
die verewent mich grâ 50,16 bildlich; dagegen im eigentlichen
Sinne: (diu schrâ) verewet einen jungen daz man waenet er si
grâ 76,25

ich grâwe 60,18 dâ von so wirde ich grâ 91,17 wirt er
als ich grâ 95,39

gris: böume 4,36 walt 6,1 17,4 27,23. maneger grüenen
linde stên ir tolden gris 38,12 — die locke 20,13 houbet 66,34

diu grise 7,5

von des schulden bin ich gris 95,6

grüene: walt 15,24 52,22 75,31 linde 11,6 38,12 46,31
loup 46,34 ris 6,7 gras 62,34 heide 86,36 grüeniu kleider
(des Waldes) 19,8 ein grüenez zwî 24,24 (treie) grüene alsô
der klê 36,9

ez gruonet an den esten 4,21 ez gruonet wol diu heide
11,8 schön als ein golt gruonet der hagen 18,4

rôt: bluomen 34,10 45,1 57,5 rôsen 64,26 tolden 45,9 —
gold 10,8 golzen 20,30 21,16 glas 48,16 tuoch 51,36 hüete
74,14 buosemblech 81,37 beidiu siten wâren ir von sîden rôt
37,23 alrôte sîden 91,23 (ein misencorde) kopherrôt 91,26

ir rôsenvarwer triel 37,32 (ougen) rôt 72,21 schamerôt
41,27 52,20 ich gemaches alle rôt 90,4

swarz: hosen 74,14 (ermel) innen swarz 82,1

val: heide 38,15 86,36 bluomen 43,20 valwen 45,30 —
zöpfe 14,38 locken sam die krâmesîden val 86,18 (s. Haupt
z. d. St. Zingerle in Pfeiffer's Germ. VIII 505; sidevar Mbd.
Wb. III 2396 Lexer 207) hâr 88,26 102,14

wiz: hant 79,1 96,2 blanc: hende 96,17 (ermel) ûzen
blanc 82,1

Allgemein gehaltene Farbenbestimmungen:

blas: dûht ich iuch so blas 48,18 s. Haupt z. d. Lt. u. Mhd. Wb. I 200a

gelf; bluomen 18,18 (gelfe worte 23,30 vgl. Benecke zu Iw. 625)

gickelrêh: bal 25,8

klâr: kommt nicht vor

lieht: s. o.

missevar: beide unde walt 52,25 schône gevar: anger 14,20 wol gevar: tolden 45,13 in liehter varwe: walt 6,3 gevar in liehter ougenweide; bluomen 17,10.

Ueber die Farben in der mittelhochdeutschen Dichtung handelt Wackernagel (Kl. Schr. Leipzig 72. I 142 f.) sehr gelehrt und schön, aber, meine ich, höfischen und volkstümlichen, alten und erlernten, deutschen und fremden Brauch nicht genügend scheidend; weniger reichhaltig die Zusammenstellung bei Uhland Schr. III 430 f. Sehr dankenswert gerade in jener Hinsicht sind die Sammlungen von Zingerle in Pfeiffer's Germ. VIII 497 f. IX 385 f., die ergeben, wie den kargen Farbangaben der volkstümlichen Dichtung bei gelehrten Dichtern Farbenhäufungen entgegenstehen, vgl. z. B. Gottfried's Tristan V. 664—65 manege decke snêwîze, gel, brûn rôt grüen' unde blâ. Vgl. ferner Weinhold Deutsche Frauen II 268 f. und ö. Stark in Pfeiffer's Germ. IX 455. —

Wir haben bei Neidhart Farbvergleiche mit golt 18,4 îs 93,1 klê 36,9 krâmesîden 86,18 kupher 91,26 rôsen 37,32. Farbencontrastirung beliebt bei den Winter- oder eigentlichen Herbstschilderungen: grüene - gris 38,12 grüene - val 86,36 grüene - missevar 52,23.25 rôt - val 45,1—3 rôt - grîs 45,9 (unmittelbar nacheinander); ausserdem der Farbencontrast in der Kleidung: ermel .... innen swarz und ûzen blanc 82,1, und das merkwürdige des einen hâr ist reide val (vgl. 102,14), des andern brûn 88,26. Farbenhäufung endlich haben wir nur an der einen Stelle brûne blâwe bluomen rôt 34,10, der einzigen zugleich, wo blâ vorkommt.

Wir sehen auch hier wieder, was wir schon so oft gefunden
haben. Durchaus volkstümlich ist das Epitheton grün für
Wald und Laub (Weinhold Spicil. form. S. 9); es kommt in
den älteren Liedern dreizehnmal vor, in den mehr als doppelt
so zahlreichen der Verfallzeit viermal. Die entsprechende
Bezeichnung der vom Winter des Baumschmuckes entkleideten
Bäume als gris weicht (dies schon seit der Blütezeit) dem
blasseren Ausdruck val (zur Bezeichnung des ergrauten Haares
kommt gris neben grâ von den ältesten bis zu den jüngsten
Liedern vor). Mit diesen beiden Angaben: grüene für die
blühenden, grâ gris val für die verblühten Blumen und Blätter
ist nun aber die Bezeichnung der Farben von Naturgegenständen
in Neidharts Jugendliedern erschöpft. Schon in der Blütezeit
jedoch tritt die Farbe rot hinzu, hingegen erst in einem der allerspätesten Gedichte noch braun und blau — eine Farbenhäufung
von ganz höfischem Charakter, die der einfachen Naturbeschreibung des Volkes fern liegt.

Eine zweite Classe von Farbangaben betrifft die Körper-
teile. Hier hat Neidhart in allen Perioden nur solche die dem
Haar gelten; das höfisch so beliebte rôter munt (Wilmann's
Ausg. zu 27,25 Leben Walther's S. 186.134; geradezu für
das Mädchen selbst Zingerle a. a. O. IX 402 Wilmanns Leben
Walther's S. 157) kommt nur in der Form rôsenvarwer triel
mit einem durchaus unhöfischen Substantiv und einem fast
nur bei volkstümlichen Dichtern vorkommenden Adjectiv vor
(rôtiu ougen bezeichnet natürlich nur eine vorübergehende
Färbung und gehört also nicht hierher). Dass nun das Haar
val benannt wird, ist uralt (Weinhold D. Fr. II 313 Wackern.
Kl.·Schr. I 164 u. a. Schon Ausonius preist seine blondhaarige
Bissula; vgl. C. B. 118,3 u. s. w.), aber erst in einem der
allerletzten Lieder erwähnt der Dichter auch braunes Haar und
zwar in Contrastirung gegen die blonden eines andern. — Ganz
der höfischen Art entsprechen die „weissen Hände" (Scherer
Gesch. d. d. Dichtung im 11.—12. Jahrh. S. 135 Gesch. d.

d. Litt. S. 109) und erscheinen erst sehr spät, zuletzt obendrein mit dem Fremdwort blanc.

Drittens beziehen die Farbenangaben Neidharts sich auf Kleidung und Schmuck. Auch hier zeigt sich das Zunehmen der Farbenangaben. Zuerst neben dem formelhaften roten Gold (Jänicke a. a. O. S. 27) nur die rôten golzen, d. h. wohl schlechtweg Tanzschuhe; dann in der Blütezeit der rote Griffel und der bunte Ball, bei denen auf der Farbenbezeichnung noch gar kein Ton liegt; endlich im Alter nicht wenige Farbenangaben mit der entschiedenen Tendenz, den Prunk der Bauern zu verhöhnen, so besonders 82,1 91,23 und 26. (Ursprünglich waren den Bauern nur wenige Farben in ihrer Kleidung gestattet Seifr. Helbl. 2,71 f. Weinhold D. Fr. II 269 Alwin Schultz I 239 f.; nun schmückten sie sich desto bunter, und Neidhart wünscht, dass ihnen das wieder verboten werde 102,15 f.) Denn den Kleidern der Mädchen, die nie verspottet werden, gilt nur 37,23 und dies mag zwischen jenen absichtslosen Angaben der Jugendlieder und den spöttischen der Gedichte des Alters den Uebergang bilden.

Von den Farbvergleichen (s. über dieselben Zingerle a. a. O. IX 385 f.; die meisten verkürzten Gleichnisse dieser Art, schon in ein Wort zusammengepresst, sind Mhd. Wb. III 237 f. gesammelt) sind die aus den beiden ersten Perioden mit golt klê und rôsen durchaus volkstümlich. Die andern fallen (nach einer langen Pause) in das Alter des Dichters; der Vergleich mit den krâmesîden (vgl. Haupt in seiner Zeitschr. XIII 181 z. d. St.) ist gesucht und zugleich der Anklang an sîden 86,13 bezeichnend für die Art, wie der gealterte Dichter seine Gedanken fortspinnt. Ebenso wenig vermeidet er das Zusammenstossen von alrôten sîden 91,23 und kopherrôt 91,26. Charakteristisch ist es endlich, wenn er an der letzten Stelle statt des allgemein üblichen und uralt volkstümlichen Ausdrucks wiz alsam der snê (Zingerle a. a. O. IX 385 f.; das uralte Gleichniss scheint sich sogar zu Namen verdichtet zu haben Weinhold D. Fr. I 13;

in den C. B. niveus gradezu für albus, wie roseus oft für ruber)
sagt gevar als ein îs (auch das blasse gevar ist zu beachten).

Von den Farbencontrastirungen (vgl. Behaghel Aen.
CCXXIII) stammen sogar die einfachen, die blühende und
verblühte Blätter gegenüberstellen, erst aus der Blütezeit;
doch ist hier keine Pointe beabsichtigt, sondern es steht eben
nur formelhaft diu grüene linde für die Linde überhaupt.
Dadurch ist 18,4 sogar der Ausdruck schôn als ein golt
gruonet der hagen (vgl. Uhland Schr. III 35 Anm. 63) ermöglicht — kein Paradoxon, sondern ganz dieselbe ungenaue
Verwendung eines formelhaften Bildes wie in Goethe's berühmten Versen:

> Grau, teurer Freund, ist alle Theorie
> Und grün des Lebens goldener Baum.

Wirklich pointirt klingt nur die letzte Stelle 86,36, wo
die beiden Farbworte dicht aneinander gerückt sind; sonst ist
das Oxymoron weniger merkbar, ja 38,12 durch verschiedene
Substantiva (linde - tolden) verringert, 45,1, wo die Blumen
erst val werden, kaum vorhanden. Entschieden absichtlich sind
natürlich die sehr späten Contrastirungen 82,1 88,26.

Ueber die Farbenhäufung ist schon gesprochen. —

3. Zahlenangaben.

Von den im Ganzen ungemein häufigen Zahlenangaben
findet sich einzig der sonderbare Fall 47,23 f. in der Jugendzeit, sehr wenige in der Blüteperiode, die überwiegende Masse
in der Zeit von Neidharts Aufenthalt in Oesterreich. Und bei
den Fällen aus der Blütezeit liegt fast nie ein besonderer Ton
auf der Zahl; 40,30 42,9 werden die Zahlen ganz nebensächlich
und wie zufällig erwähnt; ähnlich 41,5. Dasselbe gilt aus
späterer Zeit von Fällen wie 75,13 84,25, wo zwei nur Dual
des unbestimmten Artikels ist: ein Paar. Aber betont ist die
Zahl, sobald ein Contrast vorliegt, wie 87,33—84 oder entweder

wirklich gezählt wird wie 63,30 und 99,15 oder der Zuhörer
doch zum Zählen eingeladen wird. Denn das ist doch der Fall,
wenn die Zahl aufzuführender Dinge oder Personen vorher an-
gekündigt wird; und wird sie nachträglich angegeben, so wird
der Hörer gewissermassen zum Nachzählen aufgefordert, welche
Operation denn z. B. der sorgsame Compilator der Handschrift c
jedesmal vorgenommen hat, nicht ohne den Dichter gelegentlich
zu berichtigen: 57.37 hat b zwêne wie 35, c richtig viere.
60,39 hat c den zweien zugesetzt, ebenso 62,5: der funft ist
Eberwin. 74,3 setzt es die zwen, weil es 74,2 er und einer
heisst. 78,15 statt daz eine: daz erste. 96,11 heisst es:
mit der vreude wart versant zuht und êre; disiu driu . . .,
aber das ist c nicht deutlich genug; er schreibt: zucht treu
und ere, diese drew . . . . Hier ist natürlich c im Unrecht.
Der schönste Fall aber ist 44,6: Den zweien bin ich vint als
einem wolve — wo c arithmetisch sehr richtig setzt: als zwayen
wolffen (was übrigens die Analogie von Neidhart 39,26 und
allenfalls auch 98,29—32 f. vgl. Veld. Aen. 6553 und dergl. für
sich hat). Denselben Grund hat wohl die ungeschickte Aenderung von c 99,20, wo Neidhart sich wirklich verzählt hat:
er kündigt zwei Schaden an; dann fährt er fort: der dritte
schade . . ., was übrigens formelhaft ist, s. Uhland Schr. III
266 Anm. 387. Nur darf man aus diesem Irrtum nicht etwa
irgend welche Schlüsse ziehen wollen; vielmehr sind derartige
falsche Zahlenankündigungen recht häufig. Gradeso z. B. Heine
Letzte Gedichte S. 183: „drei Brüder — der vierte": sehr
ähnlich schon in zwei von W. Grimm Vrîdanc LXXIV citierten
Stellen aus den Prov.: tria sunt — et quartum; tria sunt —
et quartum. Die formelhafte Bedeutung von drei und von
vier = mehr als drei (Möller Pfeiffer's Germ. XVII 122 nach
J. Grimm) tritt gerade hier deutlich hervor. — Noch auffälliger,
wenn die Zahl nachsteht, so in Arndt's Gedichten N. A.
Leipzig 50. S. 39. Deutsche Freiheit, deutscher Gott, Deutscher
Glaube ohne Spott, Deutsches Herz und deutscher Stahl sind

vier Helden allzumal, worauf vor einiger Zeit in Zeitungen aufmerksam gemacht wurde.

Solche Fälle, in denen einzeln aufgeführte Personen oder Dinge vorher oder nachher in einer Zahl zusammengefasst sind, habe ich deshalb gesondert von den andern zusammengestellt und es findet sich, dass einzig die Fälle 38,32.43, 32—36, 44,6 (letztere wieder beide in demselben Gedicht) der Blütezeit angehören, keiner der Jugendzeit. Im Alter dagegen häufen sich die Beispiele mehr und mehr: 54,19 61,4 70,12 91,11 96,11—57.37 65,2—56,34, wo die letzte Aufzählung aber fehlt, 51,26 54,15 57,32 66,30 70,15 72,15 74,16 77,18 79,20 80,22—59,29 60,15 66,34.37 71,39 74,6 78,27 80,3 88,25.29—54,19 u. s. w. Sogar die Fälle, wo zwei gleichartige Satzglieder durch beidiu zusammengefasst werden (vgl. Grimm IV 279 ff. Möller in Pfeiffer's Germ. IX 456), in denen doch das zusammenfassende Wort wieder ganz bedeutungslos erscheint, keine Aufforderung zum Zählen, sondern ein blosses „sowohl — als auch", selbst diese treten den analogen die zwêne, dise beide entsprechend erst in der letzten Periode auf (ausser einem Falle 35,7; zweimal wieder in zwei bei Haupt sich folgenden Tönen). Man sieht auch, dass er sich an die dichterische Verwendung dieser etwas steifen, prosaischen Formel erst allmählich gewöhnte: zuerst fasst er bloss zwei Substantiva oder Adjectiva im casus rectus so zusammen: 5,3 35,7 59,9.39 62,24, ebenso 71,2 76,21 78,3; dann 65,33 an libe und' ouch an muote flectierte Substantiva; endlich am weitesten geht 74,8 beidiu von der guoten und auch wilent anderswâ. —

Zahlen anzuführen ist in der höfischen Lyrik schon deshalb ungebräuchlich, weil selten Gelegenheit dazu ist; hier ist Alles im Singular: dieser Geliebten, dieser Liebe, diesem Schmerz, dieser Treue darf nichts zur Seite gestellt werden; was dort vorkommt, ist rein formelhafter Natur. Von hier kann also diesmal die spätere Gewöhnung Neidharts nicht

kommen, kaum auch aus der höfischen Epik. (Die Zahlen
der Epiker verdienten wohl eine Untersuchung. Mein geringes
Material genügt zu keinem Urteil darüber; nur fiel mir auf,
dass 7 70 u. s. w. so gut wie nie, 5 50 10 100 1000 fast
nur in volkstümlich gehaltenen Gedichten vorkommen, durch
5 teilbare Zahlen besonders oft in der Aeneide. Dagegen hat
Iw. bei Zahlenangaben, wo es sich um Personen handelt, gewöhnlich 3, ebenso dreihundert V. 61 91; sonst hat er drei-
teilige Zahlen nur noch bei mile 554 2959; in der N. N. wie
bei Freidank u. s. w. oft drei und dreissig. Ueber vier siebe
Wackernagel in Pfeiffer's Germ. XVII 122. Er. Schmidt
Anm. 2; die Stellen sind leicht zu vermehren. Neun ist mir
kaum vorgekommen. — Für die Zahlen bei Zeitangaben
schienen die Dinge nicht genau so zu stehen.) Dagegen wäre
ein Einfluss der Spielmannspoesie nicht undenkbar; bei den
Spielleuten sind stehende Zahlenangaben beliebt (Wackernagel
Litteraturgeschichte 51,6a); so hat auch Helbling viele: sehzec
jâre I 78 drîzec jâr 83 drîzec 360 vierzec II 321 drîzec 1174
vierzec wochen III 320 u. s. w.

Aber hauptsächlich liegt die Ursache hier im Stofflichen.
Indem die Beschreibung der Dörper (denen die Hauptmasse
der Zählungen gilt) mehr und mehr Mittelpunkt der Gedichte
wird, zwingt der Verfasser mit diesen Zahlen seine Zuhörer,
den vorgezählten Figuren ein besonderes Interesse zu widmen;
zudem ist es ein wohlfeiles Mittel zur Fortführung der Lieder,
zur Anknüpfung neuer Strophen (die meisten Fälle zurück-
bezüglicher Zählung stehen am Anfang der Strophe), dessen
der frische Dichter in den Jugendliedern nicht bedurfte. Aber
die Concession an die höfische Sprache fehlt doch auch hier
nicht: nur den allerspätesten Liedern gehört der formelhafte
Gebrauch von vier (91,11 93,35), von hundert (71,1) und
tausend (75,26 87,24.33) an, wie ihn (nicht ganz in Uebereinstimmung mit den höfischen Epikern) die Minnesinger
zeigen; daneben nur in der Jugendperiode hundert tûsent stunt

9,14 — in seinem ältesten Liede! Was die ähnliche Verwendung
von drizec betrifft, so kommt sie ausser in drei späten Liedern
(32,24 67,4 78,1) einmal vor und zwar 13,14 in einem der
Kreuzlieder, deren Sonderstellung und Annäherung an höfische
Art wir schon oft zu bemerken Gelegenheit hatten. —

4. Zeitangaben

Ueberall häufig finden wir hiuwer, und nû und ê, oft
antithetisch nebeneinander. Das Wort hiuwer kommt zu oft
vor, als dass wir es nicht für rein formelhaft, oft gradezu
Flickwort halten sollten. Ebenso haben wir wohl auch das
nicht ganz so häufige vert aufzufassen ohne zu bestreiten, dass
diese Angaben, wo es sich um der Wirklichkeit entnommene
Vorgänge handelt, zutreffend sein mögen. Ebenso können die
Ausdrücke ditze jâr, disen sumer, disen winder (erst seit der
Blütezeit) der Wahrheit entsprechen, aber auch blosse Formeln
sein. Ueber die Formeln mit grösseren Zahlen (drizec jâr
u. dgl.) ist schon gesprochen. Ueber die anderen Ausdrücke
ist kaum etwas zu bemerken; dass Worte für bald, rasch
u. dgl. fast nur den Jugendliedern angehören, hängt mit deren
schnellerem Gang zusammen. Dagegen finden sich fast nur
in späteren Liedern miniu jâr, mine tage u. dgl. — wieder
höfische Formeln. Morgen und Abend werden nur in Jugendliedern, die Nacht nur in Gedichten des Alters erwähnt (ausser
hint 16,28); dagegen hiute wieder nur zweimal in 92,11 ff;
immer ie und die verwandten Ausdrücke ausser 37,12 nur in
späterer Zeit — man möchte fast sagen, dass er früher an
lange Zeiträume gar nicht denkt.

Tritt hier also der Unterschied der Perioden so schlagend
nicht hervor wie bei den Adjectiven, Farb- und Zahlenangaben,
so ist dafür der Unterschied von Neidhart's ganzer Dichtung
der seiner Zeitgenossen gegenüber um so merkbarer. Wie die
Eigennamen versetzen diese Angaben mit einem Schlag auf
den Boden der Wirklichkeit: sie tragen zu dem Glauben an

die Authenticität der Erzählung ungleich mehr bei als die Ver-
sicherungs- und Bekräftigungsformeln, und sie zeigen zugleich
auf einen Blick, wie im Gegensatz zu der Gefühlsdichtung der
zeitgenössischen Lyriker Neidharts Dichtung fast durchweg
epischen Charakter trägt, wie das längst erkannt ist. —

Wir haben damit die Betrachtung von Neidhart's poetischem
Material erschöpft. Es hat sich aus dieser ins Einzelne gehenden
Vorführung doch wohl manches ergeben, was für unsern Dichter
wichtig ist, indem es zu unserer Behauptung, Neidhart lerne
die höfische Sprache, von der er sich erst freigemacht, von
Neuem, nicht nur Beweise liefert, sondern auch Erläuterungen.
Vielleicht verdiente selbst über diesen einzelnen Dichter hinaus
Einiges davon bemerkt zu werden. Die systematische Ersetzung
bestimmter Ausdrücke durch andere zeigt vielleicht Eigenschaften
der volkstümlichen wie besonders der höfischen Sprache deutlicher,
die man sonst freilich schon kennt.

Dass es eine solche höfische Sprache gab, bezweifelt wohl
Niemand mehr, und dass sie nicht bloss unpoetische, sondern
auch veraltete, vulgär erscheinende Worte mied, ist längst bewiesen worden. Wir sehen aber, dass wie Reime auch Worte
lediglich aus dem Grunde vermieden werden, weil sie in der
älteren, also noch volkstümlichen Dichtung zu häufig waren.
Bei deren Ersetzung ist dann natürlich, dass die höfische
Dichtersprache wie jede nach Classicität ringende allzu indivi-
duelle, specielle Ausdrücke, die die frisch anschauliche Volkspoesie liebt, hindansetzt, um typische, allgemeiner gehaltene
Worte herrschen zu lassen. All das konnte Neidhart leicht
lernen — in seinem Gedankenkreis blieb er ungeändert. Auch
hierfür, ja dafür, dass die Richtung seiner Lieder inhaltlich
sich nicht nur durch alle Perioden gleich bleibt, sondern sogar
verschärft, finden wir schon hier Beispiele; deutlicher werden
wir es sehen, wenn wir uns der Prüfung seiner Art, diese
Rohstoffe zu verarbeiten, der Betrachtung von Neidhart's Motiven
zuwenden. —

Capitel IV.

Technik.

Wir haben natürlich auch bei der Verfolgung von Neidharts Motiven uns auf das zu beschränken, was für die Reihenfolge der Lieder beweisendes enthält. Würde nun auch eine ausführliche Besprechung der Entwicklung seiner poetischen Technik dies vielleicht noch deutlicher ergeben, so genügt es doch, wenn wir, um die Arbeit nicht allzusehr anschwellen zu lassen, das Wichtigere hervorheben, da die Beweise für die Richtigkeit unserer Reihenfolge durch das daraus sich ergebende klare und einheitliche Bild von Neidharts Entwicklung wohl schon zahlreich genug sind, dass wir kleinere Züge, die dazu stimmen, fortlassen können.

Es ist hier wieder die Trennung der Sommer- und Winterlieder wegen der Verschiedenheit der Stoffe notwendig. Ausserdem ist es geraten, jene Teile, in die Neidharts Lieder auf den ersten Blick zerfallen: Natureingang und Hauptteil, gesondert vorzunehmen; auch beider Verbindung verlangt besondere Beachtung, während für die Schlüsse der Lieder einige beiläufige Bemerkungen genügen. Bei den Winterliedern haben wir auch ein paar Einzelstrophen zu besprechen, denen wir der Gleichartigkeit wegen die einzigen Einzelstrophen zu Sommerliedern, 26,15 und 30,36 anschliessen werden. —

A. Die Sommerlieder.

1. Natureingang.

Die Reien beginnen sämmtlich mit einem Natureingang. Bei 3,1 ist, wenn dies Lied echt ist, das Fehlen wahrscheinlich aus unvollständiger Ueberlieferung zu erklären (Liliencron S. 77 Haupt S. 104; wie 3,1 beginnt eins der besten unechten Lieder L 6), bei 33,3 ist dies sicher der Fall. 12,19 ist kein selb-

7

ständiges Lied oder, wenn man es doch dafür gelten lassen
will, eine Ausnahme, die zu den andern Eigenheiten der Kreuzlieder gestellt werden muss. Eine sichere und merkwürdige
Ausnahme aber bildet das letzte Lied 33,15; den Uebergang
zu dieser Art bildet und zeigt 32,6. — Verstümmelt scheint
der Frühlingseingang in 25,30, wenn dies, wie wahrscheinlich,
der Beginn eines eigenen Liedes ist; ich halte mit Haupt zu
25,14 die beiden Strophen 25,14 und 22 für den Anfang eines
verlorenen Liedes, 25,30—26,14 für ein selbständiges Gedicht
mit der Anhangsstrophe 26,15 (denn dass diese jünger ist,
beweist 26,19 f. gegenüber der ruhigen Erwähnung Vriderûns
und Engelmârs 26,2 f.). Wäre etwa eine auf 26,2 folgende
Erzählung der Spiegelaffaire verloren, so könnte darauf dieselbe
nicht noch einmal in dieser Weise erwähnt werden. 26,19
setzt wie die späteren Anspielungen auf jene Geschichte, dieselbe
als durch frühere Erwähnungen allgemein bekannt voraus. —
26,7 war wohl die Schlussstrophe des verlorenen mit 25,14
beginnenden Liedes. Hier nämlich ist der Natureingang nur
durch den Vogelgesang, sonst den letzten, zuweilen ganz fehlenden
Zug vertreten. Der Grund zu dieser Verkürzung liegt natürlich
in dem Anschluss an die schon selbst mit einem vollständigen
Natureingang ausgestatteten Strophen 25,14—22 und 22—29.

Diese Natureingänge nun beruhen, wie längst erkannt,
auf uralter Tradition, die wohl zahlreiche Minnesinger gewahrt
haben, Niemand aber so streng wie unser Dichter. Dies geht
aus einer eingehenden Vergleichung der Natureingänge aller
älteren mittelhochdeutschen Lyriker klar hervor. Dennoch
macht der Unterschied der Perioden sich auch hier bemerkbar.
Das Bestreben, von den einen zu sehr volkstümlichen Charakter
tragenden Formeln sich loszumachen, tritt schlagend heraus.
Man vergleiche nur die Ausdrücke für den belaubten Wald
3,25 8,20 10,26 11,9 20,33 22,10 und 29,29 34,5, für den
Vogelsang 13,9 in einem Kreuzlied oder 27,3 28,3 32,14 und
ebenso allerdings eine, aber nur eine Stelle der ersten Periode

19,37 mit den übrigen! Nur in der letzten Periode finden sich gesuchte Ausdrücke wie 27,1 mit dem viel weniger anschaulichen louben statt der Formeln geloubet stân u. s. w., 28,10 f. 31,19 33,36, und das neue Schlagwort bevangen mit . . . 26,27 29,29. Der Zug, dass die Vögel den Mai preisen, ist wieder nur dem Gedicht 16,38 (17,6) mit Stellen der dritten Periode (27,3 f. 29,33) gemeinsam. Charakteristisch ist ferner, jener Farbenhäufung 34,10 entsprechend, das Hinzutreten anderer Vögelnamen zu dem der Nachtigall. (Dietmar hat sogar die Nachtigall nur in seinem zweiten Liederbuch Scherer, Deutsche Studien II 498) in der dritten Periode, 26,29 und noch stärker 31,25. Noch ist zu beachten, wie in einem späten Gedicht zur Bezeichnung des Vogelgesangs ungeschickt die negativ gewandte Formel der Winterlieder gebraucht wird (28,31) — wieder ein Beleg für das Ueberwuchern der Art der Winterlieder in Neidharts Dichtung im Alter. —

2. Uebergang zum Hauptteil.

Verfolgen wir die Art, wie Neidhart von dem Natureingang zur Haupthandlung gelangt, durch die Reien, so erhalten wir nicht nur über die Entwicklung seiner poetischen Technik, sondern auch über das Verhältniss jener beiden Teile seiner Gedichte einigen Aufschluss.

Ueber diese Uebergänge bei Neidhart handeln, jedoch nur ganz im Allgemeinen. Schröder S. 76 Schmolke S. 3 Tischer S. 23; über die Vermittelung der Natureingänge mit Minnestrophen im Minnesang überhaupt Uhland Schr. III 384, für Neidhart speciell 385. —

Die beiden Lieder, die ich für die ältesten halte, 9,13 und 16,38, haben die längsten Natureingänge, das erste mehr als drei, das andere mehr als vier Strophen. (Tischer S. 21 erklärt mit Unrecht 9,13 f. [den zweitlängsten Natureingang] für den längsten, denn in 16,38 geht die Einleitung bis 17,19. — Die kürzeste 20,38, nur ein Vers [Tischer ebendaselbst]

7*

macht die Annahme Haupt's z. d. St. und Tischer's, es fehle
eine einleitende Strophe, nicht durchaus nötig, denn bei den
Winterliedern finden sich Eingänge von nur einem Vers zwar
nicht, aber von zweien mehrmals: 48,1 49,10 57,24 69,25.)

Worauf beruht nun die grössere Ausdehnung des Eingangs in
jenen beiden Liedern? Nicht auf besonderer Freude an der
Naturschilderung, denn die zeigt sich 9,13 fast gar nicht,
wird in 16,38 weit übertroffen durch die prächtig kecke Beschreibung 4,31 f. Wir haben vielmehr 9,13 zuerst, wie schon
bemerkt, eine Einleitung, die direkt das Motiv des Sommer-
empfangs bringt; dann breit die Ausführung des Themas „der
Sommer macht froh" mit einem ausgeführten Bilde, wie kein
anderes Lied des Dichters es zeigt. Plötzlich knüpft an
ein Schlagwort: dâ ist für trûren veile manger hande
vogele sanc, die Rede der Alten an. Wir sehen ganz
deutlich: der Dichter hat von Anfang an die Absicht, vom Naturbild zu den Personen zu kommen; er versucht die Anknüpfung zuerst mit einer Aufforderung an die
Jungen (9,24), wagt aber noch nicht so weiter zu gehen,
sondern schiebt erst das Bild ein; wieder schliesst er die
Strophe mit einer Aufforderung und wieder wagt er noch
keinen unmittelbaren Uebergang in die Handlung. Vielmehr
nimmt er das Bild nochmals auf und knüpft nun an ein
darauf angelegtes Stichwort ungewandt die Rede.

Noch deutlicher womöglich zeigt sich genau dasselbe
16,38. Sommerempfang, hier aber schon mit Beziehung auf
die Zuhörer, und Aufforderung (17,1); dann Naturbild, fast
zwei Strophen; wieder dann gewaltsam Anknüpfung an ein
Wort: die bluomen — „der het ich gerne ein krenzelin".
Das klingt fast, als sei es wie die Formeln vorher einem
Volkslied wörtlich entnommen; vgl. bei Neidhart selbst 19,14
und 25,28; in beiden Fällen handelt es sich wirklich um
gesellen, wie in der Haupthandlung von Neidharts Reien nie;
aber freilich könnte man 17,13 geselle als Femininum = gespile

(siehe Mhd. Wb. II ɪɪ 31 a Lexer I 909 f.) fassen. Indess ist
in der weiteren Handlung von einer Gespielin ebensowenig
wie von einem Freund die Rede. Sieht schon deshalb die
Stelle wie ein Einschiebsel aus (wenn z. B. 18,21 die Freundin
angeredet wird, ohne weiter eine Rolle zu spielen, so hat sie
dort dennoch ihre gute Bedeutung, siehe unten, hier bei der
Belehrungsscene zwischen Mutter und Tochter gar keine), so
macht das Wort geselle es weiter wahrscheinlich. Neidhart
hat dies noch 24,22 (ungesellet 28,17); Volkslieder haben es
oft (so C. B, 136 a; vgl. Scherer Deutsche Studien II 457),
und wie sehr erinnern an unsere Stelle Stücke wie C. B. 141 a:

> min geselle, kom mit mir
> mache mir ein krenzelin.

(geselle auch im Refl. von 141) oder in Uhland's Volksliedern
I 64:

> sag mir, du guter geselle,
> wie man die röslein soll fellen.
> oder wie man sie brechen soll

(eine Jungfrau fragt einen Herren, vgl. Uhland z. d. St. Schr. III 424
Anm. 196). Aber unser Dichter weiss mit diesem Eingang
nichts anzufangen und deshalb bringt er ganz naiv zum zweiten
Mal das Lob des Frühlings von vorne an, wie 9,28 f. mit
breiter Ausmalung seiner heilenden Kraft, und zum zweiten
mal greift seine Maid ein einzelnes Wort auf: vreude — „ich
bin der minen gar beroubet", und nun gehts. Auf die gewaltsame Anknüpfung der Rede gerade in diesen beiden Gedichten
(denn 23,23 ist ganz anders) macht Haupt S. 179 aufmerksam; der ungeschickte Natureingang fiel auch Tischer S. 21
auf. — Der Uebergang aus indirekter in direkte Rede ist, wie
schon erwähnt, volkstümlich. Aber unter all den zahlreichen
zu den citierten Stellen angeführten Beispielen ist keins, in dem
dieser Uebergang mit einer so gewaltsamen Uebernahme der
Rede durch eine Figur, die dem Dichter ins Wort fällt, eingeleitet würde.

Hier hat man, meine ich, die Anfänge der Neidhartischen
Sommerlieder greifbar vor Augen: das Streben vom Naturbild
fort zu den Personen, hier erst zum Gespräch, bald zur Handlung. Bei keinem zweiten mittelhochdeutschen Dichter ist es
uns vergönnt, die Entwicklung von einem Lehrlingsstück an
bis zur höchsten Blüte und wieder bis zum völligen Absterben
seiner Kunst verfolgen zu dürfen; denn dass 9,13 und 16,38
wirklich älter, vielmehr einer früheren Entwicklungsstufe an-
gehörig sind als alle übrigen, scheint nach dieser Darlegung
seiner technischen Unreife in denselben der andern gehäuften
Beweise kaum mehr zu bedürfen.

Anknüpfung an ein einzelnes Schlagwort haben freilich
auch zwei Reien der Blütezeit; aber diese sind recht geeignet,
den Fortschritt klar zu machen, den Neidhart von jenen beiden
ältesten Liedern an gemacht hat. Der erste Fall ist 22,38:
Die nû sîne brieve hoeren wellen — ‚ich wil si gerne hoeren‘.
Aber nicht nur fehlt hier der überstürzte Uebergang in die
Rede der Jungen, sondern es zeigt sich treffliche Verwertung der
Wortaufnahme zur Charakteristik. Heisst es dort 23,12 weiter
unt sin lop mîn willen helfen in diu lant erschellen —, so sagt
die Maid, statt auch dies aufzunehmen, weiter: ‚ich wil —
im ze lobe den mînen lîp mit manegem sprunge enboeren …‘
Nicht nur sind wir mit einem Schritt in der Handlung, sondern
wir sehn auch die Junge, wie sie, über des Dichters Worte
herausgehend (und doch mit der Wiederholung von sin lop die
Beziehung aufrecht erhaltend), ihm gegenübertritt: ihr ist das
Singen nicht genug, tanzen will sie. Noch hübscher ist ganz
derselbe Kunstgriff 21,34 benutzt. Der Dichter sagt: junge
mägde solten sich stolzlichen zieren …. an die man mit
einem ouge zwieren. (Dies Anblinzeln ist ein volkstümliches
Motiv vgl. C. B. 139,4 quae seducat oculis ac digitis und
Stellen wie H. Ernst D. 407. Ire lossleiche Blicke Warffen vil
mynnen stricke; noch deutlicher Warum schielst du … gar
auf mich Schmeller Wb.[2] II 258. Ganz köstlich hat dies

Anblinzeln G. Keller ausgebeutet: Leute von Seldwyla Stuttgart ³ 76. II 80.) Darauf antwortet eine Magd aus der schar: O ja, das will ich schon — und nun, Neidharts Worte ganz köstlich parodierend: „ich hân . . . einen ritter tougen an gesehen mit beiden minen ougen". Wie jener das Singen zu wenig ist, so dieser das Blinzeln (und wieder die Steigerung durch Wiederholung von ouge hervorgehoben) — und wie dort ist hier mit einem Schlag uns das Mädchen vor Augen gestellt und die Situation anschaulich gemacht. (Die Stelle hat auch einem Nachahmer so gefallen, dass er sie, recht unglücklich, nachgebildet hat: wolte si mit einem gên den minen beiden zwieren bei Haupt XII 20.) —

Nach den Uebergängen oder überhaupt nach der poetischen Technik allein die Reien zu ordnen, für deren zeitliche Stellung wir sonst keine Anhaltspunkte haben, geht nicht an, da wir einen ganz stetigen, nie unterbrochenen Fortschritt von einem Gedicht zum andern nicht annehmen dürfen. Die Anordnung aber, die wir aus andern Gründen bereits getroffen, rechtfertigt sich durchaus; wir behalten deshalb auch hier die Folge ihrer Gruppen bei.

In den vier schon besprochenen Liedern handelt es sich um ein Aufgreifen eines einzelnen gleichsam zufällig gefallenen Wortes. Nicht um den Vogelsang dreht sich die Handlung in 9,13, nicht um Blumenkränze in 16,38, sondern der Dichter knüpft rein äusserlich an diese Worte an. Bei dem zweiten Anlauf in 16,38 kommt er der Sache schon näher: die Klagen des Mädchens gelten ihrer Liebe und über diese wird gesprochen. Aber sie beginnt garnicht davon zu sprechen, sondern — so ungewandt ist hier die „Naht" geführt — sie vertauscht nur das erste Stichwort „vreude" mit dem andern „swaere" und daran knüpft dann wieder recht gewaltsam die Mutter ihre Vermutung. — Auch das zwieren 22,16 und die brieve 23,11 sind zufällige Ausdrücke, wie viel besser aber benutzt, haben wir gezeigt. Eine Zwischenstufe nun zwischen dem mühsamen

Fortspinnen von einem garnicht durch das Thema geforderten
Wort zu der freien Verfügung über den Gang des Liedes bildet
es, wenn noch an ein einzelnes Wort angeknüpft wird, dies
aber selbst schon bezeichnend ist und den Gang der Handlung
vorbereitet. So in 6,19. Aehnlich wie 23,11—17 wird hier angeknüpft: den wil ich helfen reien — ‚ob ich im hulfe springen‘;
aber reien ist eben ein Schlagwort, das die Handlung schon
im Kern in sich enthält. Charakteristisch ist dabei, dass nicht
mehr direkt an das Wort angeschlossen wird, sondern sowohl
die Rede überhaupt als auch die Aufnahme des Stichworts
sorgfältig eingeleitet werden. — Den direkten Einfall der
Sprechenden haben wir dagegen wieder 14,4 mit dem Schlagwort hôchgemuot. Der Fall ist dem von 17,20 äusserlich sehr
ähnlich; der Unterschied ist aber doch, dass hier wirklich die
hôchgemüete das Thema ist, während dort die swaere nur als
Symptom der Minne auftrat. So haben wir denn auch hier
wie 6,24 sorgfältige Vorbereitung der Aufnahme des Schlag-
wortes: erst 14,33 vrô dem hôchgemuot entsprechend (auch
das ist bezeichnend: ersetzen 9,33 17,12.20 das Stichwort nur
durch ein Pronomen, lassen es also eigentlich fortbestehen,
bringen die späteren 22,23 23,18 es mit Steigerung wieder,
so schiebt die Mittelstufe gern Synonyma an die Stelle des
Schlagworts; so hatten wir eben 6,27 schon springen für
reien). — Endlich interessant ist 15,21. Hier wird brîsen 16,4
mit zâfen 16,6 aufgenommen. Dies ist aber wieder nicht das
eigentlich bezeichnende Wort (was es z. B. für die Lieder 10,22
24,13 wohl wäre), denn das Thema ist Liebe zu unserem
Dichter. Neidhart nun, der zu den schlagartigen Uebergängen
der zweiten Periode weder Mut noch Geschicklichkeit in sich
fühlt, und seine Absicht, gewaltsame gezerrte Ueberleitungen
wie in den beiden ältesten Liedern zu vermeiden, durch Auswahl wirklicher Schlagworte bewiesen hat, sucht diese Anknüpfung zu rechtfertigen, indem er mehrmals auf das brîsen
zurückkommt. Zuerst lässt er die eine Magd der andern einen

Gürtel versprechen und dann lässt er die andere in den Schluss-
versen das Thema, das 16,8 angeschlagen ist: „giebt es Männer,
die Frauengunst verdienen?" mit dem Wort brisen zusammen-
bringen: „durch sînen willen schône sô wil ich brisen mînen
lîp". Eine fortschreitende Vervollkommnung in diesen Wort-
anknüpfungen lässt sich nicht verkennen und ebensowenig, was
wichtig ist, ein bewusstes Lernen.

In der Blütezeit gebietet er dann frei über die Hilfsmittel
der poetischen Technik und darf nun wagen, was er erst lernen
musste zu vermeiden. Allerdings ist in 25,14 die Anknüpfung
an das Wort rôsen wieder keine glückliche, fast genau wie
17,12: rôsen ûf der heide — der sante ich ... Aber bei der
Zerrüttung dieser Strophe 25,22 braucht man nicht einmal
anzunehmen, hier sei dem Dichter einmal wieder misslungen,
was er schon gelernt hatte; aus dem gegenwärtigen Zustand
der Stelle lässt sich schlechterdings nichts schliessen. (Auch
Paul's Herstellung a. a. O. S. 557 macht die Strophe noch
nicht ganz verständlich.) —

Eine andere Kette geht von den Liedern aus, die nur eine
Aufforderung zur Sommerfreude und gar keine Handlung enthalten. Hierher gehört 5,8, ja es vertritt, da die Kreuzlieder
doch eine eigenartige Stellung einnehmen, die Gattung allein.
Es ist wohl eins der älteren Lieder, aber jünger als 9,13 und
16,38. Dies Gedicht also ist ein lediglich aufforderndes, garnicht erzählendes, und der Dichter hat es leicht, von dem
Natureingang zu seinem Thema, eben der Aufforderung zur
Sommerfreude, zu kommen — er brauchte die Einladung an
die Jungen, die nebenbei schon die ältesten Lieder bringen,
bloss weiter auszuführen.

Diese Leichtigkeit des Uebergangs hat er nun benutzt,
indem er zunächst die Maid den Frühlingseingang wiederholen
und daran die Mahnung knüpfen lässt; so 3,22, wo die Junge
in ihrem Naturbild noch 4,5 den Ausdruck „den Sommer
empfangen" gebraucht. Der Dialog ist auf die einfachste Form

angebahnt, indem die Tochter die Mutter anredet. (Paul S. 554
liest mit C. Muoter ich will selbe, ebenso darnach Bartsch,
Liederdichter ² 104,30. Paul meint, es habe keinen Sinn,
wenn die Tochter von der Mutter ihr Tanzen nicht verraten
haben wolle. Ob der Reim selbe : velde für Neidhart wirklich
zugelassen werden darf, kann ich nicht entscheiden; inhaltlich
scheint mir diese Lesung ganz gut zu sein. Doch braucht
âne melde nicht „ohne Verrat" zu heissen. Lexer I 2093 giebt
Belege für âne melde „ohne Lüge"; es stände dann hier
formelhaft wie 22,21 âne lougen u. a. ö. und man müsste
interpungieren: Muoter lâtz! âne melde jâ wil ich komen ze
velde. Noch besser wäre die Bedeutung lâtz âne melde „lasst
es ungerügt," wie Pannier S. 161 übersetzt „Mutter, mich
nicht schelte —," aber ich weiss nicht, ob das geht.) Hübscher
8,12 in einem der reizendsten Liedchen Neidharts, wo die
Junge vortrefflich ihre Lust zum Tanz ausdrückt und die
Mutter sie belauscht. Hier ist das Naturbild sehr kurz wiederholt, breiter 18,4, wo wieder erst die Gespielin, dann die Mutter
angeredet werden, endlich 19,7, wo wieder die Mutter der
Tochter ins Wort fällt.

Das Jiutelied zeigt einen Fortschritt: 20,38 ist der Eingang überhaupt der Jungen in den Mund gelegt und so die
Wiederholung gespart; wie nah die Rede der Magd 8,20 der
Einleitung 20,38 steht, sieht Jeder. Der doppelte Eingang ist
denn auch in einem Lied der Blütezeit vermieden 24,13; hier
ist das Einfallen der Mutter sogar besonders motiviert: 24,28
daz gehôrte der mägde muoter tougen. Ein Vergleich dieses
Uebergangs mit dem der Situation nach ähnlichen 17,24 zeigt
deutlich den Abstand der Kunst hier und dort. Die Anrede
an die Gespielin, 18,21 ganz überflüssig, ist hier trefflich ausgebeutet: die Tochter hält nicht mehr wie früher einen un-
wahrscheinlichen Monolog, sondern verrät sich durch die Ver-
abredung mit der Freundin.

Endlich ist wohl auch 10,22 so aufzufassen; legt man

die beiden ersten Strophen auch der Jungen in den Mund, so
entspricht die Einleitung der von 24,13 genau, während sonst
die unvermittelte Rede ohne Analogie bei Neidhart und, da
sogar ein sprach ein vrouwe oder dgl. fehlt, für die Zuhörer
schwer verständlich wäre. (Paul S. 556 will auch 6,19 so
auffassen, denn wenn er sagt, dass schon „die erste Zeile"
dem Mädchen in den Mund gelegt werden soll, meint er doch
wohl die erste Strophe; hat er sich verschrieben und meint
„die letzten Zeilen": den wolgemuoten leien den wil ich helfen
leien sprach ein meit, so hätten wir überlaufende Construction,
die herzustellen man wenig Lust haben wird. Anders aber
liesse es sich selbst dann kaum auffassen, wenn man die
ganze Strophe der Jungen giebt und dann mit Paul nach c 6,24
Sprach ein meit schreibt [dies ist erlaubt, siehe Haupt zu 23,17];
es wäre doch Einschaltung des Redners und auch so überlaufende Construction. Indem ist das Lied wahrscheinlich
eins der ältesten, dem das vollständige Fehlen jeder Ueberleitung zum Hauptteil zuzutrauen ist. Freilich wäre dies nur
durch das eine Lied vertreten.) Es wäre dies dann das älteste
Beispiel dieser Art der Einleitung der Handlung und die
späteren beiden ersten- Jiutelieder würden mit dem doppelten
Natureingang dem gegenüber einen Rückschritt zeigen.

In all diesen Gedichten ist es ein Gespräch, das eingeleitet
werden soll; ob daran weiterhin sich eine Handlung schliesst,
ist hier gleichgiltig. Zuweilen aber folgt eine solche dem
Naturbild unmittelbar. So in dem unübertrefflichen Liedchen
4,31. Hier liegt statt eigentlicher Ueberführung nur eine
leicht angedeutete Parallelisierung vor: wie die grîsen boume
wieder neues Laub voll Vogelsang tragen, so fühlt sich die
Alte beim Nahen des Mai's neu belebt. Ferner 6,1, wo das
kleine Lebensbild mit dar inne ziemlich gewaltsam an das
Lob des Mai's geknüpft ist, das deshalb eingeschoben ist —
dieselbe Art des Anschlusses also wie bei den besprochenen
Wortaufnahmen der ältesten Art (wie ja auch dar inne einem

Pronomen entspricht). Man könnte desshalb das sonst vortreffliche Lied etwa zwischen 9,13 16,38 und 6,19 14,31 setzen; dem letztgenannten Gedicht steht es auch sonst sehr nahe.

Endlich das zweite von den beiden in 25,14 verschmolzenen Liedern, 25,30, der letzte Reien der Blütezeit, zeigt die Sicherheit des Dichters, der 26,1—2 einen kühnen Uebergang aus dem Futurum in das Praeteritum durch ein anschauliches Bild glücklich deckt; hier konnte der Dichter ein lahmes Bindeglied wie das dar inne 6,14 verschmähen.

Bei 3,1 fehlt der Eingang und so lässt sich über die Ueberleitung zum Hauptteil nicht urteilen. Es bleiben die Kreuzlieder, von allen Gedichten Neidhart's die am reinsten lyrisch gehaltenen und in mancher Hinsicht von den andern unterschieden. 11,8 hat nach dem Naturbild einen sehr wenig verdeckten Uebergang: mîn sendiu nôt mant mich an die guoten —, dann noch zwei kurze Zeilen naturschildernder Formeln. Dann bildet den Uebergang wieder das Aufgreifen eines Worts, denn man interpungiert wohl besser . . . singent wol diu vogelîn den vriunden mîn, den ich gerne sunge . . . ., so dass die Wortaufnahme mit einer leichten Parallelisierung verbunden ist. (Dies tritt in der Schreibung von c: den ich nu gerne sunge, noch deutlicher hervor). Schliesslich ohne eigentliche Verbindung das Hauptmotiv: die Entsendung des Boten. — 12,19, will man es als selbständiges Lied fassen, hat keinen Natureingang. Zuletzt 13,8 hat nach dem Natureingang die Einladung zur Sommerfreude so breit wie kein anderes Lied: 13,16—25. Dann wird wie 11,15 der Vogelsang nachgeholt; wieder ohne Verbindung ist dann das Botenmotiv angeschlossen. Wir werden sehn, dass diese bei Neidhart ganz vereinzelt dastehende lockere Composition, wie sie schon in der Einleitung des Hauptmotivs sich verrät, die Kreuzlieder überhaupt charakterisirt. —

So weit haben wir die Uebergänge durch die Reien der beiden älteren Perioden verfolgt und eine zunehmende Gewandt-

heit in der Vermittlung des stehenden Anfangs mit den
wechselnden Hauptteilen erkannt, wenn wir von den Kreuzliedern absehen. Hier aber macht die lose Anfügung doch
keineswegs den Eindruck geringerer Kunst, sie liegen eben
ganz ausserhalb Neidharts sonstiger Art zu dichten. Nun
vergleiche man mit den analysirten Ueberleitungen die Uebergänge in den Liedern der dritten Periode! 26,23 ein Rückschritt zur Wiederholung des Natureingangs, noch dazu so
ungeschickt wie möglich eingeführt: Dô sprach ein maget ...
Die Handschrift b hat das Plumpe dieses dô, des schlechtesten
aller Flickwörter, gefühlt und setzt: ‚Muoter, ez wil an den
wisen touwen‘, was aber schon aus metrischen Gründen nicht
die richtige Lesart sein kann. Von den älteren Liedern hat
nur das zweifelhafte 3,1 dies dô am Anfang der Strophe (3,15),
von den jüngsten dagegen noch 31,51 (30) und 33,3 (9).
Ja nach der Aufforderung an die Gespielin zum dritten Mal
ein Naturbild 27,8—10, von der neuen Einladung 27,9 unterbrochen, angefügt und daran der eigentliche Uebergang 27,11
fast ganz wie 17,12!

Besser immerhin ist es bei den folgenden. 28,1 ist wieder
das Wort reien 28,20 nach sorgfältiger und geschickter Einleitung mit springen 28,27 aufgenommen; die Ueberleitung
gehört also in dieselbe Classe mit der von 6,19. 28,36 wird
dagegen das Schlagwort gleich noch einmal gebracht vogele
schal 28,28—29,3 und daran wird mit einem „aber“ das
Hauptmotiv geknüpft: man sieht hier deutlich, wie der Dichter
auf glatte Vermittlung gar keine Rücksicht mehr nimmt,
sondern einfach die gewollte Handlung anzwängt. So zeigt
denn 29,27 gar keine Verbindung beider Teile, ausser dass
herzensenede swaere 30,6 an senediu sorge 30,2 leise anklingt;
aber die erste Stelle selbst steht schon ausserhalb des Natureingangs und ist mit demselben nur durch unausgesprochene
Contrastierung verbunden: der Mai ist da, aber ich bin traurig.
Und dies ist bekanntlich eine im Minnesang ungemein beliebte

Art, Klagen einzuleiten; hier aber bringt sie den Dichter, der
die höfische Art nachahmt, nicht vorwärts, und das Haupt-
thema steht unverbunden da. Dann 31,5 nach einem langen,
aber durch die Klagestrophe 31,10 unterbrochenen Natureingang, der die Namen der Bäuerinnen schon in die Einleitung
zieht (31,26; die Aufforderung an die Jugend wird nirgends
sonst in Reien an bestimmte Personen adressiert) und so den
Charakter des Naturbilds entstellt, wieder eine 31,30 höchst
mühsam angeknüpfte Beschreibung mit viermaligem dô. 32,6
hat wieder keine Handlung, sondern knüpft die Klage an den
Natureingang an. 33,3 ist fragmentarisch. Endlich 33,15 geht
dem Natureingang ein merkwürdiger persönlicher Eingang voraus
und dann bricht 34,12 der Dichter gewaltsam ab; es klingt,
wie wenn in den alten Spielmannsliedern der Vortragende die
Saite zerreisst — es ist aus mit dem Sänger.

Der Unterschied der Perioden in der Entwicklung von
Neidharts Kunst ist so auch aus dieser Betrachtung wohl
deutlich genug hervorgegangen. Für das Verhältniss zwischen
den beiden Teilen aber haben wir das uns wichtige Ergebniss
gewonnen, dass die Handlung (wie wir hier sowohl Gespräch
als eigentliches Handeln genannt haben), nicht etwa aus dem
Natureingang erwächst, sondern von vorneherein der Hauptstoff
der Dichtung ist, zu dem Neidhart von dem traditionellen
Anfang an strebt und den er, wo er keinen glücklichen Uebergang findet, ohne einen solchen folgen zu lassen kein Bedenken
trägt. Ueber diese Handlung selbst haben wir nunmehr zu
handeln. —

3. Hauptteil.

Es ist von vornherein klar, dass die Entwicklung Neidhart's
in der Behandlung des Hauptteils nicht mit derselben Stetigkeit
und Deutlichkeit zur Erscheinung kommen kann wie in der
Handhabung der Natureingänge und der Uebergangsstücke.
Denn hier liegt keineswegs wie dort immer dasselbe vor, vielmehr

spielt die grössere oder geringere Verwendbarkeit des jedes-
maligen Stoffes, die Frage, ob dessen Verwertung neu ist oder
nicht und anderes eine bedeutende Rolle und hindert einen
streng regelmässigen Fortschritt. Vergleichen wir dagegen die
Gedichte der drei Perioden im Ganzen, so ist ein solcher Fortschritt unleugbar. Um aber auch nur für die drei Perioden,
nicht etwa für jede einzelne kleinere Gruppe, diese Vervollkommnung überall nachweisen zu können, wäre es nötig, wie
ich dies ursprünglich auch getan hatte, den Hauptteil jedes
einzelnen Gedichts genau durchzugehen und auf alle Kleinigkeiten zu achten. Nicht nur wären hierbei Wiederholungen
nicht zu vermeiden, sondern Vieles wäre nicht zu umgehen,
was über unsere Aufgabe herausgreift. Um dennoch auch
durch diese letzte Betrachtung zu prüfen, ob unsere Reihenfolge
ein wahrscheinliches und consequent durchzuführendes Bild
der Entwicklung Neidharts ermöglicht, genüge es, aus jeder
Periode ein oder zwei besonders charakteristische Gedichte zu
untersuchen und sodann die hauptsächlichen Momente in Neidharts
dichterischer Vervollkommnung und Abnahme kurz zusammenzustellen. —

Wir scheiden die Reien ihrem Hauptteil nach in rein
lyrische, in mehr episch gehaltene, die eine Handlung erzählen,
und mehr dramatisch gehaltene, die ein Gespräch vorführen;
diesen letzteren rechnen wir natürlich auch die zu, in denen
die Wechselrede in Handlung ausläuft.

Die einfachsten sind die Lieder von epischem Charakter.
Ihre kleinen Bilder zeigen die Hauptwirkung, in der der Sommer
seine Kraft erweist: den Reien selbst. Ganz kurz ist der Tanz
der Geliebten des Dichters 6,14 skizzirt, dasselbe sehr anschaulich 26,2 f.; hier tritt in Engelmar noch eine zweite
Figur hinzu. Den Tanz nicht eines Mädchens, sondern eines
uralten Weibes schildert 4,31 höchst ergötzlich; die Jungen
sind hier 5,7 benutzt, um durch den Contrast mit der Alten,
die sie niedertanzt, die Wirkung des Bildes noch zu steigern,

die ausserdem sehr gefördert wird durch die Beschreibung des
Zustandes der greisen Tänzerin vor der Ankunft des Mais:

> ein altiu mit dem tôde vaht
> beide tac und ouch die naht ...

Das köstliche Liedchen ist mit Recht überall als die beste
Probe von Neidharts übermütigen Jugendreien ausgewählt
worden. Wie sticht davon das späte Lied 31,5 ab, wo mit
Wiederholung von alten Formeln (31,32 = 4,5 9,13 und
besonders 16,38; 31,33 = 17,5 21,36, was noch dazu dem
Vers 31,6 widerspricht; 31,34 vgl. Haupt zu 17,2.31,39 —
wie anders 5,5 7,6! Das einzige neue bringt Zeile 31,36) und
Häufung von Namen ein Sommertanz beschrieben wird; statt
in anschaulicher Vorführung der einzelnen Figur sucht der
Dichter hier in unklarer Andeutung der Menge die Lösung
seiner Aufgabe und setzt eine undeutliche Allegorie unvermittelt
herein: Vrômuot 31,28 und besonders 32,1—5. Diese spielt
die Hauptrolle in dem Winterliede 85,6; das Hinüberziehen
dieses Motivs in das Sommerlied, wo es keineswegs verarbeitet,
sondern nur äusserlich angehängt ist (die Schlussstrophe ist
völlig inhaltslos und enthält ausser dieser Anspielung nur die
in Neidharts Alter so häufige Beziehung auf die Spiegelaffaire)
ist bezeichnend sowohl für des Dichters späteres Bestreben,
Verbindung zwischen seinen Liedern herzustellen als auch
besonders für das Eindrängen des Charakters der Winterlieder
in die Reien. —

Den grössten Teil der Sommerlieder bilden die dialogischen
Stücke; ihnen schliessen sich die beiden Monologe 14,4 und
28,1 an. Die Wechselrede findet zwischen Mutter und Tochter
oder zwischen zwei Gespielen statt; bei der ersten Gruppe sind
wieder die, in denen zuerst die Mutter spricht von denen, die
die Tochter eröffnet, stofflich verschieden. Hierher gehören die
beiden ältesten Gedichte 9,13 und 16,38, ferner aus der ersten
Periode 6,19 3,22 7,11 8,12 14,4 18,4 19,7 20,38; aus der
Blütezeit 21,34 24,13, aus der Zeit des Verfalls 26,23 28,1

— alles Jungenlieder. Dann die Altenlieder: 3,1 19,7, beide
aus der Jugend. Gespielenlieder: 10,22 15,21— 22,38—
28,36 (zu 26.23) 28,1 29,27 (beide vielleicht gleichfalls mit
28,36 zusammenzustellen), 33,3. Nur fragmentarisch sind ausser
33,3 zwei Lieder 25,14 und 25,30 (s. Haupt) erhalten.

9,13 beginnt mit einem Monolog der Alten; diese spricht
ihre Liebe aus, doch ist der Contrast zwischen ihren jugendlichen Gefühlen und ihrem Alter hier auch nicht entfernt angedeutet, und dem Dichter ist auch nur ihrer Minne allein in
ihren Worten Ausdruck zu geben so wenig gelungen, dass er
9,37—38 eine Beschreibung ihres Gemütszustandes glaubt
nachbringen zu müssen. Hierauf spricht eine Maid — es ist
nicht gesagt, dass es grade die Tochter wäre —, ohne dass
irgend motivirt ist, dass sie die Rede der Alten hört, und
erklärt, auch sie liebe. Die Alte wiederholt ihr Liebesbekenntniss
mit einem mythologischen Bilde (die ganz höfische Verwendung
der „Königin Minne" fiel schon Holland S. 482 auf) und durch
eine sehr ungeschickte Frage der Jungen provocirt, auf die sie
eigentlich gar nicht antwortet, giebt sie eine Beschreibung des
Liebeswehs in traditionellen Formeln (N. 10,12 f. vgl. Wilmanns
Leben Walther's S. 196 Anm. 249), und nochmals glaubt der
Dichter mit eigenen Worten einspringen zu müssen, um die
Rede der Alten verständlich zu machen. — Wir haben also
in diesem Gedicht eine Minnelehre im Gespräch zwischen der
Alten und der Jungen, wie sie in der berühmten Unterredung
zwischen Lavinia und der Königin in Veldeke's Aeneis vorliegt,
doch wohl kaum mit Benutzung desselben; die Anklänge sind
zu gering.

16,38 spricht zuerst die Junge von ihrem Leid und darauf
fragt die Mutter sie aus; dass diese sie hört, ist auch hier
nicht wahrscheinlich gemacht. Durch die Frage der Mutter
wird, wie 10,10 durch die der Jungen, rach eine Beschreibung
der Liebe eingeleitet. Aber der Fortschritt ist unleugbar, dass
statt leerer Phrasen hier eine Handlung gegeben wird: der

Ritter, der die Tochter umarmt und geküsst hat; freilich ist
dies Bild noch verschwommen und durch das Gleichniss von
dem Zaubertrank noch weiter von concreter Anschaulichkeit
entfernt; es ist dies übrigens die einzige Stelle, wo bei unserm
Dichter geküsst wird. Darauf schilt die Mutter die Tochter
und diese verteidigt sich, wobei 17,35 gute Versetzung in die
Situation zeigt (vgl. C. B. 88, welches Gedicht im Einzelnen
oft ganz an die Scheltworte Lieschens und Valentins und die
Klage Gretchens im Faust erinnert; angedeutet ist das Motiv
auch bei Neidhart 7,27 f. und besonders 21,8 f.). Die Wiederholung der Worte der Mutter im Mund der Tochter 17,36—38
ist wirksam. Die Mutter antwortet nach einem gewaltsamen
Uebergang (17,39) mit einer moralischen Ermahnung. Also
auch hier noch ein Gespräch über die Minne, aber nicht mehr
über das „Problema", sondern über ein bestimmtes Factum;
der Schluss wahrt den lehrhaften Charakter, den die beiden
ältesten Lieder gemein haben.

Diesem Lied steht 6,19 nah. Hier redet die Tochter die
Mutter schon direkt an und so ist der Dialog motivirt. Die
Mutter warnt, die Tochter verspricht sich gut aufzuführen, was
sie 7,1—2 etwas unwahrscheinlich begründet. Der Contrast
zwischen der Alten und Jungen ist 7,3 zuerst stärker angedeutet. Neu ist der epische Schluss, im Charakter jener
kleinen Bilder 4,31 und 6,1. gut abschliessend und sehr hübsch.
Der Ton ist in den Reden noch lehrhaft; die Minne tritt zurück
und der Tanz ist Hauptsache.

8,12 ist mit 4,31 wohl der vorzüglichste der Jugendreien;
denn die Lebhaftigkeit und Frische ersetzt reichlich, was spätere
Gedichte an Kunstvollendung voraus haben. Die Tochter eröffnet wieder mit einem Selbstgespräch, in dem aber auf das
Einfallen der Mutter schon vorbereitet wird; ihre Lust zum
Tanze drückt sie durch ein trefflich gelungenes Bild aus, so
dass selbst hier im Detail die Ersetzung der Worte und Begriffe
durch Bilder und Handlungen bemerkbar wird. (Ich darf

vielleicht darauf hinweisen, dass was die Maid hier bildlich als äusserstes, aber doch ungenügendes Mittel, ihre Tanzlust zu zähmen, hinstellt, moderne Dichter vollends in Handlung umgesetzt haben. Gottfried Keller in seinen wunderschönen „Tanzlegendchen" [Sieben Legenden Stuttgart 72. S. 137 ff.] erzählt, wie die fromme Musa, um ihrer Tanzlust Herr zu werden, sich die Füsse mit Ketten anschmieden lässt; es scheint das ein von ihm erfundener Zug. Noch weiter geht Andersen, in dessen Märchen „Die roten Schuhe" [H. Ch. Andersens Sämmtl. Märchen Leipzig 70. S. 420] das Mädchen, um sich selbst vor der Tanzwut zu retten, sich vom Scharfrichter die Füsse abhauen lässt.) Ganz dieselbe Anschaulichkeit in der Antwort der Mutter: sie beschränkt sich nicht darauf, zu verlangen, dass die Tochter zu Hause bleibt, sondern es wird uns' gleich mit einem lebhaften Bild vorgeführt, wie das Mädchen dasitzen und ihr den Aermel ausbessern soll — ein trefflicher aus dem Leben gegriffener Zug. Aber die Junge ist aus der sittsamen Tochter von 17,36—7,1 längst eine andere geworden; sie antwortet frech, und der Gegensatz zwischen Alten und Jungen wird in schärfster Form ihr in den Mund gelegt. Noch ein kurzer Wortwechsel, und die Tochter springt fort, sich noch einmal umsehend und die Mutter, wie sie mit dem zerrissenen Aermel dasteht und ihr sprachlos nachsieht, auslachend — denn dies sieht man förmlich vor sich, so dass der epische Schluss hier zwar tatsächlich gegeben, die Rede des Dichters in dem störend hineinfahrenden Praeteritum aber gespart wird. — Wie um zu beweisen, dass der Fortschritt kein schematisch regelmässiger und in allen Teilen gleichmässiger ist, hat das Lied den in gewiss älteren schon vermiedenen Fehler, dass die Rede der Tochter und das Anhören der Mutter nicht motivirt sind. —

Der Blütezeit gehört das ganz vorzügliche Lied 24,13 an. Die Tochter redet die Gespielin an; die Mutter hört das tougen, sie hat also die Junge belauscht. Der Verdacht, den sie 17,32

8*

ausspricht (hier aber — soweit geht die Ersetzung der Begriffe
durch Bilder — durch die Aufforderung zu einer symbolischen
Handlung ausgedrückt) und das Versperren der Kleider von
22,38 sind hier combinirt. Aber jetzt antwortet die Tochter
sehr energisch (man achte auf die onomatopoetische Wirkung
der Reime) und beruft sich darauf, dass sie die Stoffe selbst
gesponnen habe. Nun ein längerer epischer Schluss: die Tochter
bricht die Kisten auf; dies wird vortrefflich mit fliegenden
Worten erzählt und ehe man sich's versieht, ist die Magd
schon draussen und spielt mit dem Dichter Ball. Die Alte
(muss man annehmen) eilt ihr nach und schlägt sie mit einem
Rocken (gleichsam eine tätliche Aufnahme von 24,35) und
begleitet jeden Schlag mit einem Scheltwort, wobei auch der
Dichter selbst seinen Teil abbekommt.

In allen hierhergehörigen Liedern der beiden ersten
Perioden handelt es sich darum, dass die Mutter einen von
der Tochter begünstigten Liebhaber, nämlich den Dichter selbst,
ablehnt. Nach der Spiegelgeschichte bleibt dies zwar, wird
aber durch das entgegensetzte Motiv, dass die Mutter einen
Mann empfiehlt, den die Tochter nicht will, ergänzt. So 26,13,
der älteste und beste Reien der Verfallzeit. —

Wie eben verschiedene Gedichte, die den Dialog zwischen
Mutter und Tochter enthalten, wollen wir nun Gespielenlieder
durch die drei Perioden verfolgen. Das erste, 10,22, ist
höchst einfach: die eine Gespielin fordert die andere auf, zum
Tanz zu gehn. diese ist bereit, sie schmücken sich und gehn.
Hier ist also zwischen den beiden Jungen so wenig ein Gegensatz bemerkbar wie 9,13 zwischen der Alten und der Jungen.
Aber schon 15,21 wendet der Dichter dies Mittel zur Individualisirung seiner Gestalten an, indem er sich des volkstümlichen Motivs bedient, dass von den beiden Gespielen die eine
glücklich liebt, die andere unglücklich (über dies Motiv hat
Uhland sehr schön gehandelt Pfeiffer's Germ. II 218 f. = Schr. III
403 f., bes. 405). Doch ist der Contrast noch wenig ausgebeutet.

Das Gespielenlied der Blütezeit ist 22,38. Es ist wohl das schlechteste Stück dieser Periode; der Uebergang aus indirekter in direkte Rede, wenn auch von den Fällen 9,32 17,12.20 weit verschieden, steht doch immerhin von allen Stellen Neidharts ausser einer in einem späten Winterliede (vgl. Haupt S. 179) diesen am nächsten. Die beiden Schlussstrophen, die sehr lahm sind, und sehr unnötige Bemerkungen bringen (24,3), erinnern mit ihrer nicht absichtlich steigenden, sondern schleppend wiederholenden Wortaufnahme (trûte triute, nîdent nîde) an Neidharts späteste Lieder; der scherzhafte Schluss ist spielmannsmässig, die Spielerei mit minnediep dagegen von ganz höfischem Charakter. Dazu kommen inhaltliche Schwierigkeiten, so dass ich diese beiden Strophen für später zugedichtet halten möchte, wie denn auch eine ganz gute (wenn auch nicht die beste) Handschrift A, den ersten Teil unter dem Namen Gedrut hat, aber nicht die Schlussstrophen. Wie dem aber auch sei — dies schlechte Lied zeigt dennoch unzweifelhaften Fortschritt; hier sind die beiden Gespielen sehr lebhaft contrastirt und ihr Gegensatz ist in Handlung umgesetzt: er bricht als Zank zwischen beiden hervor. Auch der Dialog zeigt grosse Gewandtheit, besonders in der Wortaufnahme.

Als Beispiel eines Gespielenlieds der dritten Periode kann 33,3 dienen, wenn es auch nicht vollständig erhalten ist. Dass es nicht zu 32,6 gehört (s. Haupt zu 33,3) ist sicher: werden Neidharts Reien auch immer länger, so gäbe das doch ein ganz unförmliches Gedicht, und 33,2 ist ein Abschluss, der ja nicht verdorben werden darf. — Die eine Gespielin klagt über die Männer genau wie 16,11, die andere antwortet höchst prosaisch: man sint underscheiden und giebt den klugen Rat, man solle nur treue Liebhaber wählen. Schwerlich haben wir an dem nicht erhaltenen Anfang und Schluss viel verloren, aber das Fragment schliesst die Entwicklung unseres Dichters in interessanter Weise ab: wie seine ältesten Gedichte ist dies

wieder ein lehrhaftes Gespräch über die Minne, doch diesmal
nicht über die Minne schlechtweg, sondern über die valsche
minne; das Thema war 32,39 angeregt. Die Contrastirung
der beiden Mädchen ist hier ganz aufgegeben; sie sind, wie
sie 10,22 beide fröhlich waren, jetzt beide betrübt und trösten
sich gegenseitig. —

Diese Stücke geben von der Ausbildung von Neidharts
poetischer Technik in den mehr dramatisch gehaltenen Gedichten wohl eine genügende Anschauung. Auch in der andern
finden wir, was wir an diesen zeigten: eine Entwicklung, die
allmählich bis zum Zeitpunkt der Spiegelgeschichte fort-
schreitet, um von da ab dem Verfall Platz zu machen. Am
stärksten tritt das Bestreben, Reden in Handlung umzusetzen,
hervor. Man vergleiche die verschiedenen Warnungsreden der
Mutter: 17,39 f. ganz allgemein, eine breite moralische Ermahnung; 6,30 ebenfalls abstract, aber wenigstens auf das
Möglichste verkürzt; 7,13 f. dagegen bringt die Mutter statt einer
leeren Betrachtung ein warnend vorgehaltenes Bild aus der
Zukunft, 21,7 f. dagegen noch besser ein bereits vorliegendes
Factum, das Ende des Jiuteromans, worauf die Tochter hier
gleichfalls mit Tatsachen antwortet: sie zählt Neidharts Galanterien
auf. 21,34 begnügt sich die Mutter überhaupt nicht mehr
mit der warnenden Rede: sie hat Massregeln ergriffen, das
Tanzen der Tochter zu verhindern, indem sie ihre Kleider
weggeschlossen hat. In der Blütezeit antwortet nun 24,37
die Tochter ihrerseits durch Handlung: sie bricht die Kisten
auf. Und gleich darauf, aber nach der Spiegelgeschichte,
weiss die Mutter die Tochter wieder nicht besser zurückzuhalten
als mit den matten Worten: dû wirst an dem schaden wol
ervunden 27,19! Oder in einem Nebenmotiv: wie verschieden
wird das Motiv des Schmückens zum Tanz verwertet! 8,2 5,26
ganz leicht berührt, 11,3 f. schon als Handlung, 20,30 zugleich
mit einem individuellen Zug ausgestattet (vgl. auch 20,12 f.),
22,31 f. (Blütezeit) nicht bloss mitten in die Handlung gezogen,

sondern auch trefflich zur Charakteristik verwandt. Und in der dritten Periode finden wir nun 29,6 f. das Motiv des Versperrens der Kleider wiederholt, ohne aber dass es irgend wie ausgebeutet wäre. Ebenso lässt sich noch sonst in Kleinigkeiten jener Fortschritt und Rückschritt aufweisen. —

Schwächer schon zeigt sich die Tendenz zu einer meist durch Contrastirung erreichten Individualisirung der Figuren. Ich machte schon darauf aufmerksam, dass 9,13 sich nur die schematisch allgemein gehaltenen Gestalten der Alten und der Jungen gegenüber stehen; 16,38 werden sie schon als Mutter und Tochter benannt, aber erst 4,12—13 lässt die Form der Bitte aus der „wisen" den specifischen Typus der Mutter hervortreten. Ganz entsprechend ist 9,13 von der Liebe nur ganz allgemein die Rede, 16,38 tritt schon ein Liebhaber auf, aber eben nur ganz schematisch als solcher gezeichnet: der Ritter 17,26 f.; dagegen die folgenden Lieder haben statt dessen die ganz bestimmte Individualität des Dichters selbst. Dieser aber wird 3,9 noch ganz blass charakterisirt, 4,29 schon handelnd eingeführt: er hat das Mädchen mit seinen Complimenten bestochen; aber erst 20,38 wird ganz und voll seine hell beleuchtete Persönlichkeit gezeichnet. Kurz und doch anschaulich wird er in der zweiten Periode 25,7 f. charakterisirt; und damit vergleiche man die ähnliche Scene 29,23, wo, um ihn zu zeichnen, wieder nur die Worte zu Gebot stehen: der kumt mir wol ze mâze, oder gar 30,28 die ganze Neidhart gewidmete und doch leere Strophe. — Wie die Gestalten der beiden Gespielen mehr und mehr herausgearbeitet werden und dann der Dichter dies wieder aufgiebt, wurde schon gezeigt. Nicht minder deutlich ist, wie in den Jungenliedern die Gestalt der Tochter sich heraushebt: 17,36— 7,1 blass und unbestimmt — 8,24 f. 36 f. — 18,33—34 und gar 21,24 trotzig und mutwillig — 23,33 f. dazu noch energisch — 29,3 f. wieder eine ganz in unbestimmten Umrissen gezeichnete, nur klagende Junge. Und wie schreitet die Ausbildung des wirksamen Contrastes zwischen den Gefühlen und dem Alter der Heldin in den Altenliedern fort von 9,13 zu 4,31 und 20,9 f.! —

Noch weniger allgemein sehen wir eine dritte Tendenz sich ausbilden, die Neigung zu strengerer Motivirung. Der Dialog, sahen wir schon, ist in den ältesten beiden Liedern noch garnicht begründet, erst 3,22 6,19 7,11 u. s. w. legen es von vornherein auf ein Zwiegespräch an; hingegen 19,7 ist das Einfallen der Mutter wieder nicht motivirt. Wohl dagegen in der Blütezeit: die Mutter hat 24,28 die Tochter belauscht. 27,15 ist der Dialog wieder nicht begründet, 30,4 dagegen breiter als irgendwo sonst eingeleitet. — 7,11 erscheint die Schlägerei am Schluss zu sehr im Widerspruch mit der sentimentalen Rede der Mutter am Anfang; deshalb wird 18,4 dies ausgeglichen, indem die Mutter von vornherein mit Schlägen droht. — Aehnliches lässt sich auch sonst noch nachweisen.

Auf die Technik der Neidhartischen Dialoge näher einzugehen, muss ich mir versagen. Aber man vergleiche nur z. B. den Dialog 48,22 f. (in einem Winterlied) mit 18,16 f.: der eine ganz in höfischer Art Worte stechend (vgl. z. B. Iwein 7027 f. Walther 85,34 und dazu Burdach S. 148) und auch in der Form die höfische Stichomythie (Haupt in seiner Ztschr. III 160 W. Grimm Athis und Proph. S. 29 Holland in Pfeiffer's Germ. I 248 J. Grimm Personenwechsel Kl. Schr. III 280 Scherer D. St. I 334 Anm. Lichtenstein Einl. zu Eilhart CLXXI) nachahmend, der andere eine wirkliche Förderung der Handlung wie der Charakterzeichnung — der erstere in der Art, aus der das romanische Drama erwuchs („Duette" nennt diese Dialoge Scherer vgl. D. St. II 494 Lessing Hamburg. Dramat. St. LXII), der andere in der, die die Wurzel des germanischen Dramas wurde (vgl. Freytag Technik des Dramas L. 76 [3] S. 192). —

Endlich tritt in der dritten Periode noch die Bemühung hervor, mehrere Lieder zu einem grösseren Ganzen zusammenzufassen; dies liesse sich aber nicht ohne eingehende Betrachtung der Lieder, namentlich des Wendelmutcyklus (26,23 28,1? 28,36 29,27?), nachweisen. —

Von der dritten Gruppe der Reien, den rein lyrischen, ist über 5,8 nichts zu bemerken; 5,26 sind die Motive der huote und des Schmückens leicht berührt. Eine besondere Stellung nehmen dagegen die auf der Kreuzfahrt gedichteten Lieder 11,8—13,8 ein.

Das Thema von 11,8 ist: Neidhart sendet einen Boten zu den Lieben in die Heimat; aus dem Wunsch von 11,22 wird sehr hübsch 11,29 f. eine Tatsache gemacht. Paul a. a. O. S. 554 will 12,6 nach der Hdschr. den unreinen Reim herstellen. Aus Gründen des Sinns ist dies keineswegs, wie er behauptet, erforderlich; Neidhart sagt: Ich persönlich befinde mich ganz gut; fragen sie aber, wie es uns Pilgern überhaupt geht, so sage, wir hätten von den Wälschen viel auszustehen. Dass der Dichter 11,36 und 12,6 dieselbe Phrase gebraucht, ist unwahrscheinlich; die Schreiber dagegen konnten leicht, wenn sie, wie Paul, einen Widerspruch zu finden glaubten, aus 11,36 nachflicken. (Vgl. übrigens über die Frage nach dem Befinden Er. Schmidt Anm. 30.)

Daran schliesst sich 12,19. Das ganze Lied ist eigentlich nichts Anderes als ein Brief in Versen, 12,21 zen vriunden min die Adresse. Natürlich setzt das Gedicht wegen 12,19 das vorige Lied voraus; es braucht deshalb nicht grade unmittelbar nach diesem vorgetragen zu sein, sondern etwa auf eine Aufforderung der andern Pilger, die sich auf 11,8 bezog. Sie mochten ihn vielleicht im Scherz fragen, ob er schon Antwort auf die Botschaft in die Heimat habe (denn er lässt 11,33 alle an der Entsendung der Nachrichten teilnehmen) und er antworten: Nein, mit dem Boten geht es zu langsam, da will ich schon selbst die Nachricht bringen. Wegen dieser Anknüpfung fehlt dann der Natureingang, grade wie in dem Winterlied 40,1.

13,8 hat nach dem Natureingang gleich die Aufforderung

zum Tanz. Dann nochmals den Vogelgesang und an diesen neuen Eingang ohne Vermittlung wieder die Absendung des Boten geknüpft.

Die lose Composition, die wir schon beim Uebergang vom Naturbild zum Hauptteil bemerkten, tritt in 11,8 noch nicht so stark, aber in 12,19 und 13,8 bei dem Wechseln der Motive 13,28 und den plötzlichen Uebergängen 12,33.36 stark hervor. Sie erklärt sich nun allerdings zum Teil aus der rein lyrischen Natur dieser Lieder; aber so bleibt die Frage, woher diese Natur der Gedichte abzuleiten ist, da doch des Dichters Neigung, seine Lieder mit episch-dramatischem Inhalt zu erfüllen, vorher und nachher stark hervortritt, die hier bis auf geringe Spuren geschwunden ist. Und von diesen Spuren ist nur das kleine Tanzbild 12,33—35 im Charakter der übrigen Reien; das Botenmotiv dagegen ist von entschieden höfischer Natur.' Dies hat Schmolke S. 14 bemerkt; man darf aber dies von unserem Dichter nicht wieder benutzte Motiv nicht einfach als ein Glied in der Kette seiner zunehmenden höfischen Gewöhnung ansehn, da diese immer nur auf die Form, nie, wie hier, auf den Inhalt geht. Es ist also etwas bei Neidhart ganz vereinzelt Dastehendes. (Das Botenmotiv ist allerdings nur in der Lyrik ausschliesslich höfisch s. Wilmanns Leben Walthers S. 171 Anm. 39; der fingirte ging aus einem wirklichen Liebesboten hervor; Diez Poesie d. Troub. S. 257 Wackernagel Littgesch. 70,11. Berührt wird es bei Neidhart noch 66,15 85,25.31 87,38, aber nirgends mehr in eigentlich höfischer Weise.) Deshalb wird man jene Frage nicht einfach mit der Antwort abtun dürfen, die Stimmung des Heimwehs habe sogar in einer so wenig lyrisch angelegten Natur, wie Neidhart war, lyrische Töne erklingen lassen. Für sein fröhliches Tanzlied war im Lager kein Boden und sang er doch seine Reien, so mochte man ihm einwerfen, was er 12,36 sich selbst antwortet. Deshalb sehnt er sich danach, wieder zen vriunden mîn d. h. seinen lieben Landsleuten in der Heimat zu singen des sî mir alle sagten danc (11,18 vgl.

12,26 f.). Nun aber versucht er es, auf andere Weise den
Geschmack seiner Zuhörer zu treffen. Einesteils stimmt er in
den höfischen Ton ein, wie ihn auf der Kreuzfahrt Hausen
oder Johansdorf, namentlich der erstere so erfolgreich, hatten
erklingen lassen: dies eben in den Kreuzliedern. Andernteils
ahmt er (wie ja auch die höfischen Dichter getan hatten) fremd-
ländische Muster nach, denn derselben Zeit scheint mir seine
Pastourelle 46,28 zuzurechnen. Die besondere Häufigkeit der
Fremdwörter grade in den Kreuzliedern ist für beide Wege
bezeichnend. Nach seiner Rückkehr liess er dann diese neuen
Mittel für die Reien ganz fallen, des Beifalls seiner Zuhörer
auf dem alten Wege sicher; für die Winterlieder hat er, was
er in der Nachahmung fremder Muster gelernt hatte, noch einige
Male benutzt. Diese Nachahmung aber könnte auch ausser
Neidhart's Ungeübtheit in rein lyrischen Gedichten auf die
Composition mit eingewirkt haben.

Zu diesen rein lyrischen Gedichten gehören endlich noch
zwei der allerspätesten Sommerlieder.

32,6 ist eine Zeitklage, wie sie bei den Dichtern jenes
Zeitalters so häufig sind. Eigentümlich ist ihr der Bezug
auf eine einzelne Tatsache (32,30); der Ton des Ganzen wie
dieser Zug erhebt das wehmütige Lied über die Masse jener
meist ganz formelhaft gehaltenen Gedichte. Dies Lied (wie
29,27) hat die sonst nur Winterliedern eigentümliche und ohne
Zweifel aus diesen herübergenommene Minneklage.

Endlich 33,15, von Neidharts Liedern gewiss das aller-
späteste, denn auch die letzten unter den Winterliedern zeigen
noch nicht solche Mattigkeit des gealterten Dichters wie dieser
rührende Beweis seines Verfalls. Dem Natureingang geht eine
Motivirung des Singens voraus wie 40,1 und 12,19 eine solche
ihn ersetzt; das Naturbild selbst eingeleitet durch eine bittende
Frage an die Zuhörer und nochmalige Beteuerung seiner Absicht, wie er es hier prägnant nennt, trûren stoeren zu wollen.
Das Naturbild ist weit mehr als an irgend einer andern Stelle

in höfischen Tönen gehalten. Dann aber, wo sonst das fröhlichste Lebensbild folgte, bricht er jäh ab: nun habe ich gesungen, wie ihr wolltet — was hilfts, wenn doch die Jugend sich nicht mehr nach Freude sehnt! Er steht einsam da; die Jungen wollen ihn nicht mehr hören und für die Alten, für sein eigenes müdes Herz zu singen hat er nicht gelernt; echt volksmässig zu dichten fehlt ihm die Stimmung und echt höfisch zu dichten gelingt ihm nicht trotz aller Bemühung; er will nicht traurig, kann nicht fröhlich die Saiten stimmen und so zerreisst er die Leier; er ist am Ende mit seiner Kunst und mit seiner Kraft. —

B. Die Winterlieder.

Es ist nicht nötig, alle Dinge, die wir in den Reien betrachtet haben, nochmals durch die Winterlieder zu verfolgen. Denn die Entwicklung, die sich uns dort gezeigt hat, wird durch eine gleiche Untersuchung hier überall bestätigt. Hier wird es also vielmehr hauptsächlich darauf ankommen, zu beachten, was die beiden Gattungen der höfischen Dorfpoesie unterscheidet, und aus dem, was die Winterlieder Neues bieten, unsere Folgerungen abzuleiten. —

1. Natureingang.

Die Naturbilder nehmen in den Winterliedern einen viel geringeren Raum ein als in den Frühlingsliedern. Dort sind Natureingänge von zwei und drei Strophen keine Seltenheit, hier haben wir nur ein Mal (75,15 f.) eine, die drei Strophen einnimmt; über eine Strophe gehen ausserdem nur noch die Eingänge von 44,36 und 62,34 heraus (vgl. Tischer S. 27).

Ferner sind aber diese kürzeren Eingänge nicht ganz so formelhaft gehalten wie bei den Winterliedern die längeren. Wörtliche Uebereinstimmung, dort fast die Regel, ist hier vereinzelt und dann gewöhnlich in der Form, dass ein ganz

spätes Lied die Formel mit einem ganz jungen teilt
(38,15—86,36 46,28—79,37 86,34 92,12 38,11—95,11 99,10
48,1—95,11 45,1-- 73,28 35,4—75,30 38,10 51,4—73,25
36,20--99,2) oder dass sie seltener, mehreren ganz frühen
Liedern gemein ist (48,1—52,14 38,11—52,27) oder zwei
ganz späten (75,33—92,12). Nur wenige Formeln gehn durch
alle drei Perioden gleichmässig hindurch; dazu zählen fast
alle, die dem Vogelsang gelten, ausserdem die trüeben tage und
vereinzelte andere. Der Blütezeit entstammen dagegen gråde
die auffallendsten Ausdrücke, so die Nennung der Lerche statt
der Nachtigall (35,5) und die empfindsame Stelle, die vom
Herzen der Nachtigall spricht (42,36); ebenso gehören von
den ganz kurz gehaltenen Eingängen über die Hälfte der
Blüteperiode oder den ersten Liedern der Verfallzeit an, die
ausführlichste Stelle im Gegensatz hierzu einem österreichischen
Liede. — Wir sehen also, dass der Dichter, am stärksten in
der Blütezeit, am wenigsten in den ersten und den letzten
Gedichten, das Bestreben zeigt, von dem formelhaften Natureingang loszukommen, bald auf dem auch in den Reien be-
tretenen Weg der Neuerung, bald durch möglichste Knappheit
der Eingänge. Vergleichen wir nun die Wintereingänge der
Minnesinger, so finden wir auch bei ihnen statt der Ausbildung,
die doch bei den Reien wenigstens die eine, von Veldeke aus-
gehende Richtung der höfischen Lyrik erstrebt, völlige Verküm-
merung des Naturbildes, und Reinmars Spott 169,10—11,
gilt nicht sowohl den Natureingängen überhaupt, als vielmehr
speciell den Wintereingängen; sommerliche Natureingänge hat
er selbst 167,31 183,33 in der traditionellen Weise behandelt.
Zu erklären weiss ich diese Tatsache nicht; sie erstreckt sich
noch weiter auf die Volkslieder, und unter den unechten
Neidharten finden sich nicht wenige, die ein Gedicht im
Charakter seiner Winterlieder mit einem Frühlingseingang ein-
leiten; das Umgekehrte kommt nie vor. Wie dies nun auch
zu erklären sei — wir sehen jedenfalls, dass zur Zeit seiner

höchsten Kunstblüte Neidhart etwas möglichst zu vermeiden
sucht, was die Mehrzahl der Dichter verwirft, so dass wir
auch hierin eine neue Betätigung seiner Kunstfertigkeit in den
Liedern der zweiten Periode sehn dürfen. —

2. Uebergang zum Hauptteil.

Es handelt sich bei den Winterliedern nicht immer wie
bei den Reien, nur um die beiden Glieder Natureingang und
Hauptteil. Vielmehr ist, wie schon bemerkt, die Einheit der
Handlung hier keineswegs immer gewahrt. Hier ist fast jedes
Lied aus mehreren Elementen zusammengesetzt: Natureingang
— Minnestrophe — Dörpererzählung, manchmal selbst diese
wieder in mehreren Teilen. Wir haben hier also zuweilen
eine doppelte Einleitung und müssen dann den Uebergang
vom Naturbild und den von der Minnestrophe ins Auge
fassen. —

Minnestrophen treten erst in der Blütezeit auf; aber auch
da sind die beiden ältesten Gedichte (35,1 36,18) noch davon
frei und erst 42,34 bildet die Vermittlung zu den von da an
kaum je fehlenden Minnestrophen. Nur die Lieder 40,1 64,21
89,3 (welche aber einzelne im Minneton gehaltene Verse haben),
84,8 85,6 (also die beiden von den Weltsüssentönen 82,3 und
86,31 eingeschlossenen Gedichte), sowie die Weltsüssentöne
82,3 86,31 95,6 selbst sammt dem verwandten 63,37 haben
keine Minnestrophen, dagegen 42,34 96,30 (bis auf einzelne
Verse) 71,11 72,24 keine Dörperstrophen, endlich 102,32 103,15
keins von beiden. —

Merkwürdig ist 44,36. Hier spricht, wie in mehreren
Reien, die Junge den Natureingang, aber es führt wie 17,12
nicht weiter, sondern das Naturbild muss wiederholt werden;
hieran schliesst sich ein kleines Tanzbild, wie wir sie dort
hatten, dann ohne jede Verbindung die Haupthandlung. Dies
Lied ist noch ganz unter dem Einfluss der Reien gedichtet,
denn wir wissen ja, dass Neidharts älteste Lieder Reien waren

und dass er erst gegen Ende der ersten Periode Winterlieder zu singen begann. Der Dichter hat den Versuch, die Anknüpfung zu erleichtern, indem er den Natureingang der Magd in den Mund legte, in keinem zweiten Winterlied gemacht, wie schon Tischer S. 26 bemerkte. —

Das älteste Winterlied 38,9 beginnt mit der 38,15 wiederholten Aufforderung an die Jugend; dann Bestimmung des Tanzplatzes. Ebenso bei den nächsten drei eigentlichen Tanzliedern 35,1 36,18 41,33; in allen diesen wird zu dem Stichwort geeilt, ohne dass es wie 38,19 erst eingeleitet würde. Werden wir in jenen vier Liedern diejenigen zu sehn haben, in denen Neidhart sich von dem Muster der volkstümlichen Wintertanzlieder noch am wenigsten freigemacht hat, so spricht die umständlichere Einleitung dafür, dass 38,9 den andern noch voraufgeht.

Bei dem nächsten Lied 46,28 giebt der Natureingang selbst den Schauplatz der Handlung, so dass dieser Uebergang nicht möglich ist. Schon dies bezeichnet die Sonderstellung des Gedichts.

In 42,34 und 43,15 fehlt jede Verbindung. Aber schon 48,1 tritt das Mittel ein, das Neidhart von da ab in den meisten Winterliedern benutzt hat, um von dem Natureingang zum eigentlichen Inhalt zu kommen: die Parallelisirung von Natur- und Seelenvorgängen (vgl. Tischer S. 16 f., bes. S. 18, und allgemein Gosche a. a. O. S. 182 Scherer Anz. f. deutsches Alt. 1 200). Dasselbe Mittel zeigen 50,37 (mit der bei Neidhart ungemein beliebten Formel er unde . . . .); 52,21, wo der Satz „der Winter macht Alle traurig" zur weitern Abrundung eingeschoben ist; 57,24, wo zuerst der Natureingang eigens für diesen Zweck umgewandelt ist; 61,18, wo die Klage über sein Leid zwischen Winterverkündigung und Liebesgeständniss gleichsam ἀπὸ κοινοῦ steht; 62,34 (wieder du und . . . .). Von hier an nimmt die Kunst des Uebergangs noch weiter ab, wie 73,24 mit dem doppelten also - Also beweist.

Besser ist die Verbindung 78,11, wo die Winter- und die
Minneklage in der schon besprochenen Zählmanier im Voraus
zusammengefasst werden (denn die drei Schäden sind erstens
dass der Sommer, zweitens und drittens dass das Liebesglück
fehlt — der gealterte Dichter wagt von der traditionellen
Dreizahl der schlechten Dinge nicht abzuweichen).

Ein besonderer Fall dieser Anknüpfung durch Parallelisirung
ist es, wenn wieder ein einzelnes Stichwort vermittelt. In der
Blütezeit fehlt dies; in der dritten Periode acht Fälle: bei der
zweiten Aufnahme des Dörpertbemas in 57,28 (58,1 gedringen -
verdringen), ferner 64,21 (26—27 ungelich, sehr gewaltsam
und wieder mit alsô eingeführt), 69,25 (25—27 klagen, achtlos
durch dâ bî verbunden), 79,36 (80,1 verderbet, wieder mit sô),
82,3 (3—6 klagen : sô), 86,31 (86,37—87,3 klagen - doch
vgl. Paul S. 559, nach dessen vielleicht richtiger Adoptirung
der Lesart von c der Fall zu denen der Anknüpfung durch
Contrastirung sich stellen würde und besonders der Stelle
101,26 f. zu vergleichen wäre; dâ bî s. o. auch 69,27). 95,6
(14 widersagt : alsô); 99,1 (8—12 beroubet : alsô).

Ausser den beiden ersten und vielleicht noch dem dritten
Fall finden all diese Verbindungen sich erst in österreichischen
Liedern. Die Art des Stichworts anlangend, sind es ausser
dem ärgsten Fall in dem schlechten Gedicht 64,21 überall
charakteristische Schlagworte (dreimal klagen), immerhin durch
ihre Zunahme die Abnahme der Geschicklichkeit im Ueberführen
der Motive von neuem beweisend. —

Dem Anschluss durch Parallelisirung steht der in Form
einer Steigerung gehaltene nahe, wie er 58,25 (29) sich findet;
ferner auch der durch Antithese. Hierher könnte man schon
52,29 rechnen; es bildet den Uebergang von den Beispielen
der Gleichstellung zu denen der Gegenüberstellung: 59,36
(60,2) und 101,20 (26); in sehr geschickter Verkleidung
76,26 f. in einem Gedicht, das überhaupt zu den besten und
interessantesten aus Neidharts Alter gehört. —

Wir haben nun zweitens die Vermittlung von Minne- und Dörperscenen ins Auge zu fassen. Das Lied 40,1, in dem, wie erwähnt, zuerst eigentliche Minneverse vorkommen, hat beachtenswerter Weise noch jene Anbahnung des Winterbilds durch Nennung des Tanzplatzes. Diese ist hier in äusserst lebendiger Weise in eine Schilderung desselben verwandelt — die beste, aber auch die letzte Beschreibung des Tanzbodens, die Neidhart hat (ganz kurz wird noch 60,9 die Stube beim Anfang einer neuen Dörperscene genannt: allenfalls könnte auch 46,32 — vgl. 38,21 — hierher gezogen werden). Schon 43,15 aber tritt auch hier ein Kunstgriff auf, den der Dichter von da ab fast regelmässig angewandt hat: er nennt die Dörper als Ursache seines Liebesunglücks und ist so mit einer ganz ungezwungenen Verbindung in der Handlung — ein Kunstgriff, an dem er freilich tatsächlichen Anhalt in wirklichen Erfahrungen gehabt haben wird. Ganz ebenso 50,37 (51,15, etwas ungewandt, da die letzte Zeile einer neunzeiligen Strophe zu wenig Gewicht hat, um die Ankündigung eines neuen Motivs zu tragen); 52,21 (29, ebenfalls in zu lockerem Anschluss), 53,35 (54,11), 55,22 bei der Einleitung der zweiten Dörpererzählung (56,22 mit als hiuwer ich tet —), 58,25 (ohne jede Verbindung), 59,36 (hier 60,8 zuerst mit einer Uebergangsformel in unkünstlerischer, rein mechanischer Weise übergeführt); 61,18 (wo, ähnlich wie 52,29, die neue Dörperstrophe ganz selbständig steht, statt durch den Schluss der vorhergehenden Strophe vorbereitet zu sein); 67,7 (31: wieder mit einer Uebergangsformel); 69,25 (70,1 sehr glücklich, s. Haupt z. d. St.); 73,24 (ähnlich, mit der Formel ich und —): 75,15 (77,7); 78,11 (26); 79,18 (24). Schon in den beiden letzten Fällen war die Verbindung eine rein äusserliche; sie wird es vollends 79,36 (80,23 zuo dem ungemache sô twinget mich ein ander leit) und gar 81,19 (Dise alten schulde wecket mir diu niuwe). 89,3 (31 mit der noch dazu übermässig breit ausgeführten Formel des Abbrechens); 92,11 (93,1 ohne jede Verbindung); 97,9 (37); 99,1 (100,2 ebenfalls unverbunden). —

9

Ich denke, die Abnahme von Neidharts technischem Geschick tritt schon aus dieser Aufzählung klar genug hervor.

Besondere Erwähnung verdient noch 53,35, wo allein in einer Minnestrophe eine bäurische Schönheit (55,6) genannt wird, so dass hier Minne- und Dörperstrophen verschmolzen sind — eine für die Auffassung von Neidhart's Minnestrophen wichtige Stelle. —

Seltener ist der Fall, dass an eine Dörperstrophe eine Minnestrophe geknüpft wird. Genau genommen ist dies nur 67,7 (69,1, ohne jede Verbindung) der Fall; denn 53,35 55,9 57,24 89,3 sind die Dörperzeilen (54,14—20 55,5—7 58,3—4 89.33—38) nur in Minnestrophen eingeschoben. — Diese letzteren vier Fälle sind wieder der ersten und letzten Zeit der dritten Periode gemein. —

Die Ueberleitung aus einer Dörpererzählung in die andere geschieht von Anfang an mit jenen Formeln des Uebergangs: 36,38 59,26 u. s. w. Die Stellen sind von Schmolke S. 7 gesammelt; 60,8 67,31 89,31 hatten wir aber anders einzuordnen. —

Eine bemerkenswerte Art der Einführung ist die, bei der das Bild mit Gewalt in den Sommer vorwärts- oder zurückverlegt wird: bei der Vertröstung auf den Mai (45,14—17, ganz kurz in der Art des wahrscheinlich gleichzeitigen 12,33—35 eingeschoben) oder der contrastirenden Erinnerung daran 55,25 f.: (dass dies Bild wirklich dem Sommer zuzuweisen ist, beweist 56,1); ähnlich die Zurückverweisung 36.4—5 — alles in Liedern vom Ende der ersten bis zum Beginn der dritten Periode. Dem nahe steht die glücklichste Verquickung des Naturbildes mit der Handlung, die dem Dichter je gelungen ist, in dem vortrefflichen in die Blütezeit fallenden Lied 49,10. Einzig hier hat Neidhart, indem er das Ende des Mais statt durch die üblichen formelhaften Symptome durch die Schilderung von des Herrn Gunderam Benehmen anschaulich macht, eine Einleitung gefunden, die, im Grunde selbst schon Teil der

Haupterzählung, jede Ueberleitung unnötig macht. Die Handlung beginnt mit dem Winter zugleich — ein äusserst glücklicher Kunstgriff, den merkwürdiger Weise Neidhart nie wieder verwertet hat.

Aber unsere Zusammenstellung giebt auch dafür eine Erklärung: wir sehen, dass der Dichter auf die Uebergänge in den Winterliedern keineswegs dieselbe Sorgfalt verwandt hat wie in den Reien. Die dort nur selten und diskret gebrauchte Parallelisirung herrscht hier; noch mehr aber sind jene geradezu plumpen Formeln bezeichnend, die dort nie vorkamen. Freilich erleichterte dort schon die Kürze des Gedichts, was hier die häufige Notwendigkeit eines doppelten oder noch öfteren Uebergangs weiter erschwerte. Die Hauptsache aber ist, dass in den Winterliedern in viel höherem Grade als in den Sommerliedern mehr und mehr das stoffliche Interesse das formelle verdrängt, so dass der auf den Effekt begierige Dichter zu der wirklichen Handlung mit übermässiger Hast eilt.

Wird es uns unter diesen Umständen nicht befremden, einen so deutlich sichtbaren Fortschritt in der Technik an den Uebergängen des Winterliedes nicht beobachten zu können, wie die Reien ihn zeigten, so tritt dafür der Charakter der Verfallzeit überhaupt und die Abnahme von einer Gruppe dieser Periode zu der andern um so überzeugender hervor. Jene Betonung des Stofflichen fördert noch die Zersetzung der Form, in welche die Dichtung des alternden Sängers mehr und mehr gerät, so dass eine Umstellung der Gruppen aus den beiden letzten Perioden uns ein ganz unbegreifliches Bild des Umherschwankens von der Kunst zur Unkunst und von der Unkunst zur Kunst liefern würde. —

3. Hauptteil.

Ueber den Inhalt von Neidharts Winterliedern hat Schmolke (S. 7) in höchst dankenswerther Weise gehandelt. Er beweist, was schon Liliencron S. 114 wahrscheinlich gemacht hatte,

9*

dass der Dichter nicht immer alle Strophen eines Tones sang,
ferner auch, dass er sie nicht immer in derselben Folge vor-
trug. Dies gilt auch für die Sommerlieder (doch nur so, dass
die Einzelstrophen 26,15 30,36 32,1, vielleicht auch 15,5—20
angehängt wurden), aber bei diesen ist stets eine einzelne Handlung als Kern des Gedichts für den Vortrag bestimmt und
bestimmend; bei den Winterliedern ist dies nur viermal (44,36
46,28 48,1 58,25) der Fall. In den andern sind zuerst die
Minnestrophen abzusondern, die wir als eine zweite Einleitung
den Natureingängen zur Seite gestellt haben (für die Richtigkeit
dieser Auffassung beweist neben dem Eingang 72,24 s. Schmolke
S. 7 besonders der Umstand, dass gerade in den besten Liedern
die Minnestrophen nicht ganz losgelöst sind). Aber auch
weiterhin zerfallen die Gedichte „inhaltlich in einzelne Strophengruppen" und sind oft „nur durch Namen zusammengehalten,
ein Band, dass sich im Augenblick des Vortrags leicht knüpfen
und lösen liess." Als hervorstechende Fälle zählt Schmolke
die folgenden auf (die eingeklammerten Ziffern bezeichnen die
Zahl der zu jeder Gruppe gehörigen Strophen) 38,9 (2 : 2 : 2)
55,19 (2 : 1 : 3) 58,25 (2 : 2 : 1) 59,36 (1 : 1 : 2 : 2) 79,36
(2 : 3 : 2). Mir scheint jedoch 58,25 grade eines der einheit-
lichsten Lieder; es hat nur Minneeingang und Dörperanhang,
der Hauptteil ist geschlossen. — Symmetrie in den Strophengruppen zu suchen verbietet schon die Art ihrer Entstehung.

Aber nicht nur durch diese lockere Composition der Einheit
der Reien gegenüber sondern auch inhaltlich dem Ton wie dem
Stoff nach sind die Winterlieder von den Frühlingsliedern
derartig verschieden, dass ich lange keine Brücke zu finden
wusste, die von den einen zu den andern führte, selbst als ich
schon erkannt hatte, wie auf die ältesten Winterlieder unseres
Dichters seine Reien und auf die spätesten Reien seine Winterlieder einwirken (vgl. Richter S. 337). Eine Einheit muss
doch aber da sein. Die winterlichen Tanzlieder des Volkes
müssen trotz aller Verschiedenheiten, die die Jahreszeiten

ihnen wie dem Tanz selbst aufprägen mussten, eine fühlbare
Analogie gehabt haben — und wir haben Strophen bei Neidhart, für die das zutrifft. So müssen wir für die übrigen denn,
wie ich glaube, anderweitigen Ursprung annehmen und Neidharts Winterlieder (von den Minnestrophen, deren Herkunft klar
ist, abgesehen), besser die Strophen, die er zu seinen Winterliedern
vereinigt hat, aus drei verschiedenen Quellen herleiten: aus
dem volkstümlichen Tanzlied, dem volkstümlichen Spottlied
und der französischen Pastourelle, doch so dass den ersten
beiden etwa derselbe, der Pastourelle nur ein geringer Anteil
zufällt. Auf das Tanzlied hatten schon Müllenhoff und Liliencron hingewiesen, auf die Pastourelle (ihren Einfluss entschieden
überschätzend) Wackernagel, auf das Spottlied G. Freytag
(Bilder II 49) und Scherer (Littgesch. S. 214). Der Erstere
leitet auch schon, gewiss mit Recht, die lockere Composition aus
der Improvisation her und verglich die ursprünglichen, hier
verschmolzenen, Spottstrophen mit den Schnadahüpferln; ebenso
sagt Scherer: „Diese satirischen Bestandteile mögen volkstümlichen Spottliedern nachgebildet sein, mit denen die Bauern
sich gegenseitig befehdeten. Auch auf Neidharts poetische
Angriffe haben bäuerliche Dichter in gleichem Tone geantwortet." —

Zunächst die Einwirkung des volkstümlichen Tanzliedes
darf man wohl mit Liliencron S. 96, Schmolke S. 6, Tischer
S. 10 als sicher annehmen (dagegen Schröder S. 59). Die
Gründe Schmolke's und Tischer's scheinen mir nicht ausreichend,
wohl aber die schon angedeutete Analogie mit den Sommer-
tanzliedern. In einem Stück entsprechen sie sich nicht: die
Winterlieder sind streng dreiteilig, die Reien nicht. Aber die
Winterlieder des Volks können ja selbst dreiteilig gewesen
sein, durch den Rhythmus des weniger als die Frühlingstänze
freien Wintertanzes bedingt. War ja doch auch der höfische
Tanz von dem Wintertanz der Bauern kaum verschieden
(s. Haupt zu 40,36). Ein Beispiel eines volkstümlichen

Wintertanzliedes, wie das Lied von Ingolf im Charakter der
Reien ist, haben wir freilich nicht. Aber wir finden wie gesagt
bei Neidhart Stücke in den Winterliedern, die von dem Typus
seiner Frühlingstänze nur insofern abweichen, als das eben die
Anwendung auf den Tanz im Winter verlangt. Diese Stücke
halten wir also für direkte Nachahmungen volkstümlicher
Wintertanzlieder.

Der Typus eines Sommertanzliedes nun ist wie wir sahen
der: auf einen Natureingang folgt nach einer Aufforderung,
sei es zum Tanz, sei es allgemeiner zur Frühlingsfreude, entweder ein Bild, das den Frühlingstanz schildert, oder eine auf
denselben bezügliche, oft in Handlung auslaufende Unterredung.
In den lehrhaften Gedichten 9,13 und 33,3 trat die Beziehung
auf den Tanz zurück gegen die auf die Minne; aber der
Zusammenhang mit der Jahreszeit war auch dort gewahrt.

Diesem Typus nun entsprechen folgende Stücke in Winterliedern unseres Dichters (die Citate gelten hier immer nur
den Strophengruppen, da die Gedichte eben aus verschieden-
artigen Teilen zusammengesetzt sind): 38,9 – 39,20 44,36—45,17
35,1—22 36,33—37,8 40,13—36. In all diesen Stücken
entspricht der Aufbau völlig dem der Reien: Naturbild —
Aufforderung zum Tanz — Tanzbild; nur 36,38 ist durch die
Einschiebung von 36,28 vom Natureingang getrennt und 40,1
hat statt desselben, wie vereinzelte Reien ja auch, eine andere
Einleitung. Nun ist sehr zu beachten und für unsere Chronologie der Winterlieder gradezu entscheidend, dass diese Strophengruppen grade in den nach derselben ältesten Winterliedern
stehen und dass auch in dreien von den fünf übrigen Winterliedern der beiden älteren Perioden sich der Tanz in der Einleitung wenigstens erwähnt findet: 46,32 43,24 und, dies
allerdings von anderer Art, 49,12; endlich in 41,33 entspricht
42,4—6 der Aufforderung zum Tanz. Diese Einladung also,
gewiss doch der am meisten charakteristische Teil eines Tanzlieds (Minor Winterstetten XV), fehlt von allen Liedern der

Jugend- und Blüteperiode einzig den beiden an deren Ausgang
stehenden Gedichten 48,1 und 49,10 — in der dritten Periode
aber kommt sie auch nicht in einem einzigen der zahlreichen
Lieder vor! Gewiss ist dies kein Zufall, sondern es beweist
einerseits wieder die Richtigkeit unserer Einteilung der Lieder,
andererseits dass wir mit Recht die angeführten Stücke als die
eigentlichen Tanzlieder abgesondert haben. Denn bis zu der
Spiegelgeschichte kann Neidhart sehr wohl wirklich zu Tänzen
der Bauern gesungen haben, wie wir auch annehmen, und hier
sang er also wirkliche Tanzlieder, denen er nur anders geartete
Elemente beigab; nachher, als er nicht mehr unter dem Volk
sang, gewannen diese andern Elemente die Oberhand bis zur
völligen Verdrängung des Tanzlieds. Bei den Reien war das
nicht möglich, da sie keine fremden Elemente enthalten; sie
werden daher überhaupt seltener und unter den erhaltenen sind
ja ausserdem in der dritten Periode nur 26,23—31,5 33,3 und
33,15 noch eigentliche Tanzlieder.

Wie aber an die Wintertanzlieder sich diese fremden
Elemente ansetzen konnten, ist leicht begreiflich. Der Wintertanz muss, worauf H. Prof. Scherer mich aufmerksam machte,
angesagt werden. Dadurch werden von vornherein im Anschluss
an die Einladung zum Tanz nötig 1) Bezeichnung des Orts,
wo getanzt werden soll, 2) namentliche Berufung derer, die
mit'tanzen sollen, 3) schliesst an diese Nennung sich Neckerei,
die die uralte Tradition der Spottstrophen fortsetzt. Ueber diese
haben wir bald zu handeln. Man sieht aber, wie das Winterlied von vornherein auf die Aufnahme dieser Elemente vorbereitet war, die denn sicher auch schon vor Neidhart stattfand.
Bei dem Frühlingslied fiel alles das fort, denn der Frühlingstanz war ein für allemal unter der Linde des Dorfs und die
ganze Jugend ein für allemal geladen. —

In jenen ältesten Stücken nun zeigt sich deutliches Fortschreiten. 38,9, ganz gewiss das älteste der Winterlieder
(Schmolke S. 18), ist das einzige, in dem alle Zusätze zu dem

Kern des Liedes, der Tanzeinladung 38,19—28, den Charakter
von Tanzbildern tragen, freilich auch diese schon von denen
der Reien durch die Neckerei verschieden. 38,19 f. die Bezeichnung des Tanzsaals, 29 f. Nennung bestimmter zu rufender
Tänzerinnen. Dann ein ziemlich unnötiger mit einer frivolen
Pointe endigender Excurs über die Hüte der Mädchen; dann
Tanzbilder. — 49,36 Nennung von Tänzerinnen 45,14—15.
Daran knüpft aber schon eine fremdartige Erzählung an, die
immerhin mit dem Tanz in äusserliche Verbindung gebracht
ist (45,20). — Bei 35,1 ist das schon nicht mehr der Fall:
35,20 Bezeichnung des Tanzbodens, 23 f. Neckstrophen, von
denen 35,23 f. nichts mit dem Tanz zu tun hat. — 36,18:
Berufung der Tänzerinnen 36,38 f., aber vorher 36,18 eine
Neckstrophe eingeschoben, deren Handlung der von 49,10 sehr
ähnlich ist und die nicht Tanz, sondern Spiel schildert — 40,1
wird ein prächtiges Tanzbild zum Ausgangspunkt genommen
für eine Schilderung eines Einzelnen, die wie 36,7 f. ausser
jedem Zusammenhang mit dem Tanz steht. Dann verschwindet,
wie erwähnt, der Tanz aus den Liedanfängen. — Wir sehen
also eine stufenweise Entfernung von jenem Typus eines den
Reien analogen winterlichen Tanzlieds. —

Wir glauben damit den Zusammenhang der Winterlieder
unseres Dichters mit den Tanzliedern des Volks erwiesen zu
haben. Den Zusammenhang der Neckstrophen aber mit dem
volkstümlichen Spottlied wird schwerlich Jemand erst bestreiten.
Wir haben bei Neidhart selbst nicht wenige Einzelstrophen,
die ganz ausser allem Zusammenhang wie etwa moderne
Couplets eingelegt, angehängt oder weggelassen werden konnten,
und diese enthalten alle persönliche Bezüge entweder auf den
Dichter, oder aber auf einzelne Bauern, und im letztern Fall
sind sie genau in der Art jener Spottstrophen. Es sind ausser
75,9 91,36 nicht wenige von Haupt in dem Zusammenhang
der Lieder belassene Strophen: 54,32 60,38 62,23 63,28 64,8
74,1 91,22 93,29 100,3 u. a. Es sind ferner eine Anzahl

von Trutzstrophen, mit denen die angegriffenen Bauern dem
Dichter geantwortet haben, durch besonders glücklichen Zufall
erhalten und diese Strophen, von denen auch eine (Haupt S. 134)
einem Frühlingslied gilt, sind genau in der Art jener Strophen
Neidharts, auf die sie antworten, und dass sie als gleichartig
auch empfunden wurden, beweist am besten der Umstand, dass
die Schreiber sie den Liedern unseres Dichters anhingen, so
widersinnig dies auch bei ihrem Neidhart feindlichen Inhalt
ist. Sie finden sich bei Haupt S. 134, wo auch über sie
gehandelt wird, S. 149. 157. 159. 180. 184. 198. 209. 217.
231; daran reiht sich, wie ich glaube, als Parodie Haupt S. 181
an, und möglicherweise S. 211. Derartige Spottstrophen sind
ferner schon aus ganz alter Zeit überliefert (MSD XXVIIIb;
Bruchstück eines andern Müllenhoff in Haupt's Ztschr. XVIII
262; nicht grade ein Spottvers, aber eine analoge Improvisation
MSD VIII, gegen Henrici verteidigt von Steinmeyer Anz.
f. d. Alt. II .147; vgl. auch MSD ² 289; ferner Wackern.
Litteraturgesch. 3.13 22,4 36,13 Scherer D. St. I 331 f. 348).
Und ganz gleichartige werden im Volk in bairischen und österreichischen Landen noch heut täglich improvisirt oder vorhandene
auf neue Fälle umgewandelt und bestimmten Personen angepasst
(Schmeller Bayer. Mundarten 438 f. Wörterbuch ² II 587. 703,
u. a.). Nichts berechtigt, innerhalb dieser Tradition einen
Bruch anzunehmen; es liefen also zur Zeit unseres Dichters
derartige Spottverse unter den Bauern um, die irgend einen
von ihnen lächerlich machten, bald indem sie ihm bedenkliche
Dinge nacherzählten, bald indem sie komische Aeusserlichkeiten
übertrieben, und die uns erhaltenen Trutzstrophen sind selbst
derartige Verse, nur in der Form den betreffenden Strophen
Neidhart's nachgebildet (weshalb auch Haupt S. 134 Scherer
in Haupt's Ztschr. XVII 569 D. St. II 452 Bartsch Liederd.
XXVI sie mit den höfischen Parodien von Strophen Reinmar's
Walther's u. A. durch Walther Singenberg u. A. verglichen
haben); ja dass dieselben teilweise sogar die Form mit jenen

älteren und jüngeren Trutzliedchen zuerst gemein hatten und
erst durch bestellte Dichter in die Gestalt der beantworteten
Neidhartischen Strophen umgegossen wurde, halte ich nicht für
unmöglich. Dies ist indess hier gleichgiltig; es genügt, dass
diese selbständigen Strophen inhaltlich durchaus denen Neidharts
gleichartig sind und dass sie unzweifelhaft dem volkstümlichen
Spottlied sehr nahe stehen. Dagegen haben die provenzalischen
Sirventes, auf die als Vorbilder man nach Analogie der
Pastourellen etwa fallen könnte, mit den Spottstrophen Neidharts
auch nicht die entfernteste Aehnlichkeit vgl. Diez Poesie
S. 169 f. — Es wäre sogar nicht unmöglich, dass Neidhart
nicht der Einzige gewesen wäre, der die volkstümlichen Vier-
zeiler nachgeahmt und ausgebildet hätte.

Wie nun solche Strophen, obwohl ursprünglich lediglich
Neck- und Spottverse neben eigentlichen Tanz- und Liebes-
liedchen noch jetzt zum Tanz gesungen werden, so geschah
dies schon damals und wie durch die Ansage des Wintertanzes aus solchen einzelnen Strophen ein zusammenhängendes
Ganzes werden konnte, wurde schon gezeigt. Neidhart hat
also diese Vereinigung keineswegs zuerst versucht. Wir haben
eine ähnliche Verschmelzung von Spottstrophen zu einem
grösseren Gedicht, nur nicht grade in der Form eines Tanzlieds, schon in sehr alter Zeit in der eddischen Oegisdrecka,
die vielen Liedern unseres Dichters auch in dem epischen Eingang und Schluss gleicht. Loki kommt in die Götterversamm-
lung und sagt der Reihe nach jedem etwas Uebles nach, ganz
in derselben Weise wie das noch jetzt die bäurischen Dichter
im Wirtshaus tun. (Ein neueres Gedicht, das in Anlage und
Ausführung mit der Oegisdrecka überraschende Aehnlichkeit
zeigt, ist Bürgers Frau Schnips. Werke herausgegeben von E. Grise-
bach [2] II 61). Neidhart's Verdienst ist es also bloss, diese
Verschmelzung von Spottstrophen in die mhd. Litteratur, wenn
man den Ausdruck gebrauchen darf, eingeführt zu haben,
anfangs, wie wir sahen, auch noch im Anschluss an die Auf-

forderung zum Tanz, die das volkstümliche Wintertanzlied
hervorgerufen hatte. Später fiel der Kern, das Tanzlied, ganz
fort und durch den beibehaltenen Natureingang und einen
wirksamen Abschluss zusammengehalten, innerlich auf die besprochene Art einigermassen zu einem Ganzen verschmolzen, war
das Neidhartische Winterlied fertig und mochte nun auf seine
Art weiterwirken. Denn war das Tanzlied, wie wahrscheinlich,
ursprünglich einstrophig, (so könnte 40,13 — 24 ganz gut ein
abgeschlossenes Liedchen sein), und setzten an diesen Kern sich
dann weitere Strophen durch Beiträge der einzelnen Tänzer, so
konnte diese natürliche Entstehung des mehrstrophigen Liedes
aus mehreren einstrophigen durch Analogie auf die Entwicklung des höfischen Liebesgedichts von der Einstrophigkeit zur
Mehrstrophigkeit Einfluss üben, wie Scherer D. St. I 334 auch
annimmt; vgl. Anz. f. d. Alt. I 202 o.

So erklärt sich alles, was bei diesen Gedichten der Erklärung bedarf: der lockere Aufbau, die Verschiedenartigkeit
der Teile, der derbe und immer bitterer werdende Ton der
Dörperstrophen wie der höfische und immer correcter werdende
der Minnestrophen. Und bei dieser Verarbeitung von Elementen, die sich im Volksleben gleichsam unwillkürlich zu-
sammenfanden, wandte dann unser Dichter im Anfang jene
Virtuosität im Entwerfen kleiner Bilder vom Sommertanz an,
die er durch seine Reien sich erworben hatte, bis er, auch
dieser Form Meister geworden, das fallen liess. Deshalb
fanden wir Anfangs häufig, dass er das Bild gewaltsam in die
Sommerzeit verschiebt — später hört dies auf.

Es ist klar, dass diese Art des Aufbaus eine grössere
Feinheit der Technik überhaupt nicht aufkommen lässt, und
dass auch die einzelnen Teile hierfür wenig Raum bieten.
Für unsern Zweck lässt sich daher aus den Winterliedern, so
interessant sie übrigens sind, bedeutend weniger entnehmen als
aus den Reien. —

Bei den Spottstrophen sind zwei Arten zu scheiden: solche,

die lediglich eine Carricatur einer Person geben, und solche,
die mehr episch eine schimpfliche Handlung der Verspotteten
erzählen.

Die letztere Gattung war sicherlich die ältere; sie ist es,
der die Scheltstrophen der ältesten germanischen Geschichte
fast alle angehören (so N.N. 2281 und in lauter Scheltstrophen
fortgeführte Dialoge, wie das ganze Harbardslied und wie in
Helgaqu. Hundingsb. I die Strophen 32—43, im Hyndlulied
Str. 43, 47 u. a.), während die höfischen Dichter, wo bei ihnen
einmal gescholten wird, ganz abstract reden (z. B. Iw. 113 f.;
besonders vergleiche man, in welcher Form der Vorwurf der
Feigheit bei Kunst- und Volksdichtern gemacht wird: Veld.
Aen. 230,5 f. Ettm., Parc. 417,11 f. — Harbardsl. Str. 26
Helgaqu. Hundingsb. I. 35—36 N.N. 2281; vgl. Lachmann
Ueber Otfrid Kl. Schr. I 453 Koberstein Littgesch. 5 S. 58).
Diese Art bildet auch bei Neidhart selbt offenbar den Ueber-
gang von Tanzbildern wie 39,10—29 zu der andern Gattung,
die bei ihm erst in der Blütezeit vorkommt.

Den Charakter der mehr epischen Satire tragen folgende
Stellen: 36,28 49,10 43,15 (wo die Spottstrophe, in den beiden
vorigen Fällen nur eingeschoben, Hauptteil geworden ist);
dieser Strophe entspricht in der Zeit des Verfalls 65,9 durchaus,
welche Stelle aber roher ist, indem hier sogar der Euphemismus
unnötig befunden wird und die dort nur angedeutete Gebärde
hier in zwei Strophen breit beschrieben ist. — Die Handlung,
derentwegen der Dörper gescholten wird, steht mit dem Tanze
in Verbindung 49,32 f. und ähnlich 60,24, wo 60,37 wieder
zunehmende Rohheit zeigt, ausserdem die Ueberfüllung mit
Flickwörtern, rhetorischen Fragen, Drohungen, die gesunkene
Kunstfertigkeit; wieder ähnlich 81,2, lässig angeknüpft, und
hier vollends an einen kurzen Bericht eine lange Reihe von
Verwünschungen und zum Teil recht überflüssigen Bemerkungen
(81,11 f.) geknüpft. — Zudringlichkeit der Bauern tadeln ausser
den letzterwähnten Strophen 90,12 98,12, wo von Neidharts

Erzählkunst kaum noch etwas zu spüren ist: der Bericht geht
90,18.20 erst nach zweimaligem Anlauf von Statten, Klagen
und Verwünschungen sind verworren angehängt, und 98,12
erzählt breit (98,16 lächerlicher Flickvers), was schon 98,10
gesagt war. — Andern wird bloss zu grosse Vertrautheit mit
den Mädchen, denen der Dichter den Hof macht, vorgeworfen,
so 42,24, eine blosse Andeutung 45,16, dann 56,22 f. 63,28;
nun mit abnehmender Anschaulichkeit 70,12, mit allgemeinen
Betrachtungen (70,24, aufgenommen 25.32.36) überladen,
77,7, in den Minneton auslaufend, 78,26, ganz formelhaft und
undeutlich, 80,29; 96,20 f. ein kurzes, aber anschauliches
Tanzbild; 100,3, wo in den ganz allgemein gehaltenen Ausdrücken die Erschöpfung des Dichters deutlich zu Tage tritt.

Ganz vom Tanz ist die Handlung abgelöst in einer Reihe
die Feindschaft der Dörper schildernder Strophen: 53,8 57,10
60,38 93,15 (eine der vorzüglichsten Strophen des Alters: eine
pompöse Einleitung eröffnet sie ebenso wirksam wie eine sehr
energische Drohung sie schliesst) 93,29 (gleich darauf, aber
sehr schwach und in lauter allgemeinen Redensarten); ferner
54,14 64,32 u. a. m.

Einige Strophen verspotten Gegner, denen es schlecht
geht: 68,16 84,8. Endlich kommen noch einige Spottstrophen
vor, deren Helden zu dem Dichter in gar keiner Beziehung
zu stehn scheinen, so 44,26, wo ein Knecht einen Andern
verhöhnt; 34,23 und ähnlich aber breiter 56,36. —

Aus der Betrachtung all dieser halbepischen Spottstrophen
lässt sich für die Entwicklung des Dichters, wie schon erwähnt,
nur wenig entnehmen; die verschiedene Behandlung desselben
Motivs zeigt in der Regel abnehmende Kunst in den spätesten
Fällen, aber auch davon hatten wir z. B. in 93,15 eine Ausnahme. Anders steht es mit den Strophen, die lediglich Eigenschaften oder Aussehn der Bauern ohne erzählende Momente
verspotten. Diese Strophen sind, soweit es sich um die Winterlieder handelt, die rechten Prachtstücke Neidhartischer Kunst,

sie allein sichern den Winterliedern neben den Reien einen
Platz hinsichtlich des künstlerischen Werts und sie allein verdienen eben deshalb auch eine genauere Prüfung ihrer Entwicklung. —

Zuerst 36,7. Die Beschreibung ist (36,13) in Handlung
aufgelöst; der kurze brummige Ton der letzten vier Zeilen und
die Warnung zum Schluss wirken trefflich, wie überhaupt dies
Lied ein Muster ist von Neidhart's Gewandtheit, den Rhythmus
dem Inhalt anzupassen (Pannier Die Minnesänger Görlitz ² 81.
S. 334 vgl. Vilmar Gesch. der deutschen Nationallitteratur
Marburg und Leipzig ¹⁷ 75. S. 233 Tischer S. 10). — 40,35
ist die Einleitung noch besser gelungen. Adelhalm wird mitten
aus dem Tanz heraus uns vorgeführt. Die Sprache ist sehr
lebhaft, die Anrede an die Zuhörer (37) hier wirksam verwandt.
Wieder wird die Kleidung in geschickter Weise geschildert:
hiess es noch 36,7 Lanze eine treien treit, und heisst es 74,13
wieder: Enge röcke tragent sî, so wird hier gesagt: harte wert
dünket er sich siner niuwen treien; man sieht ihn förmlich
herumstolziren und ein neues höfisches Gewand den Genossen
zeigen, und wie viel anschaulicher ist 41,6 die ermel gênt
im ûf die hant als 81,39 enge ermel treit er lanc! Kürzer
wird Beremuot 51,29 abgefertigt; die Beschreibung ist etwas
schleppend und dass vier Zeilen hintereinander Dar durch —
dar zuo — derst — daz beginnen (40 noch des) zeigt Verwilderung der Form wie dies Lied überhaupt; es ist das erste
Winterlied nach der Spiegelgeschichte und man darf vielleicht
aus Neidhart's Aufregung über diesen Vorfall erklären, dass
seine Kunst hier tiefer steht als in noch späteren Liedern.
(Das erste Sommerlied aus der Zeit des Verfalls, 26,23, ist
allerdings eins der besten aus der dritten Periode, es brauchte
ja aber deshalb nur jünger als 50,37 zu sein.) Weiter 51,34
und sehr ähnlich 54,32: das Wort kroph 52,10 könnte das
ganze Gleichniss 54,39 veranlasst haben (vgl. zu demselben
die von Haupt zu 65,37 angezogene Stelle aus Rüdeger von

Hundeshofen) und eben dies die bei Neidhart alleinstehende
ausdrückliche Einleitung der Vergleichung veranlasst haben.
Hier zuerst findet sich die wirksame Contrastirung mit dem
altmodischen Vater (54,37). Kurz ist die Beschreibung 60,8;
ausführlicher wieder 68,4, hier und 81,21 die Verspottung des
Aussehens mit dem Motiv der Nebenbuhlerschaft combinirt.
An der letzteren Stelle wird die Beschreibung der Kleider
ziemlich gewaltsam nachgebracht; die Anknüpfung ist der von
41,21 weniger gut nachgebildet, aber der Schluss effectvoll.
81,39 haben wir mit 41,6 schon verglichen als Beispiel, wie
Neidharts Geschicklichkeit, Beschriebenes anschaulich zu machen,
abnimmt.

Nun kommt ein Haupt- und Prachtstück: 86,6 die
berühmte Haube Hildemars, die den trefflichen Wernher den
Gärtner zu der noch schöneren Haube seines jungen Helmbrecht
begeistert hat. Die Einleitung ist gezwungen; die Beschreibung
ist sehr ausführlich, die Sorgfalt Hildemars, seine Locken bei
Nacht gut zu bewahren (vgl. die damit genau stimmende
Beschreibung derselben Bemühung des Professor Beireis in
Helmstedt Goethe Tages- und Jahreshefte 1805 Ausg. 1. H.
XXXI 225) lustig geschildert; die Drohung, die wie gewöhnlich
schliesst, benutzt in wirksamer Weise das oben entworfene
Bild. Auffallend ist 86,9, eine Klage, die ganz modern klingt,
wie vieles bei unserem Dichter. Dann 88,18 91,8, beide mit
derselben Einführung wie 86,6; wir finden öfters, dass Neidhart
im Alter die einmal gelungene Verknüpfung wiederholt. 91,36,
eine der wirksam besten aus der Zeit des Verfalls, hat im
Aufbau so viel Aehnlichkeit mit 91,22 und enthält so viel
Anklänge an diese Strophe (Liliencron S. 114 Haupt S. 124),
dass sie schwerlich uhmittelbar nach derselben gesungen wurde;
der Dichter mag sie etwa auf das Begehren seiner Zuhörer,
die Strophen von Fridebrecht's Messer (91,22) zu hören neu
gedichtet haben. Endlich 102,12: hier ist die Individualisirung
der Gestalten völlig geschwunden und wie 86,29 wird aus-

drücklich hervorgehoben, der Eine solle nur ein Beispiel für
die ganze Classe sein. Ueberhaupt ist wohl nur für die älteren
Winterlieder anzunehmen, dass sie aus wirklichen Spottstrophen
zusammengefügt seien oder vielmehr, dass Neidhart an den
Natureingang verschiedene einzelne Strophen oder Strophengruppen auf bestimmte Dörper gefügt habe. Vereinzelt finden
sich allerdings solche halb selbständige Spottliedchen bei ihm
bis zuletzt, aber Gedichte wie schon 50,37 (Ellenhart — Regen-
wart — Beremuot — Megengôz) und namentlich österr. wie
67,7 (Hetzeman — Berewolf). 69,25 (Willebort, Gêneliup
und Hiltewîn) 73,2 (Hildebolt — Willeber — Gesammtbild),
79,36 (Adeltir — Lanze — ein guoter getelinc), 89.3 (Fridebreht
— Ber — nochmals Friedebreht) und besonders 92,11 (Engelmâr
— Gesammtbild — Wankelbolt — einer — Erphe und Adelwîn
— Künebreht und Engeknelt) machen fast den Eindruck. als sei
in ihnen von vornherein eine Galerie dörperlicher Charakterbilder
etwa in der Art der Satiren Rabeners beabsichtigt. So ist auch hier
der Dichter am Ende seiner Laufbahn zu dem Anfang seiner Kunst
zurückgekehrt, und hat (ähnlich wie in dem Sommerlied 31,5)
frische kräftige Portraits mit der allgemein gehaltenen Satire
gegen den ganzen Stand vertauscht; immerhin ist hier doch
der Vertreter des Standes leise als bestimmte Persönlichkeit
characterisirt (102,14), während in dem letzten Sommerlied
nur ein Haufen Namen dies ersetzen soll, wie er hier (102,5)
nebenbei allerdings auch verwandt wird. So wird in den
Winterliedern die Spur des Ursprungs doch noch in diesem
Haften an der Personalsatire gewahrt.

Eine einzige Dörperbeschreibung nimmt auf Kleidung und
Rüstung keine Rücksicht: 90,34, also eine der spätesten. —

Nur zweimal kommt es vor, dass mehrere derartige Strophen
miteinander eng zu einer Erzählung verbunden sind: 62,1—33
und 74,1—24, beide in der Verfallsperiode. —

Diesen Scheltstrophen stehn in der losen Verbindung mit
den übrigen Teilen, nicht im Charakter, eine Reihe von Klage-

und Bittstrophen nahe, die im Ton von ihnen sehr abweichen
und an Innigkeit selbst die Walther's übertreffen: 39,30 26,15
52,12 74,25 und 31 94,31 klagend, die letzte recht bezeichnend
eine allegorische Liebesklage; 30,36 84,32 101,6 bittend, 75,3
dankend, 73,11 Dank und Bitte vereinigend. Ausser 94,31
gehören sie zu dem Schönsten, was Neidhart gedichtet hat.
Der ersten Periode gehört nur 39,30 an, der Blütezeit keine
dieser Strophen. Sind 15,5 und 13 hierherzuziehn, so muss
man sie, wie schon erwähnt, wohl als späteren Anhang zu
einem früheren Gedicht auffassen. Eine eigentümliche Stellung
nehmen die Strophen ein, in denen Freunde um Rat und Hilfe
gebeten werden. Sehr oft geschieht dies in einzelnen Zeilen.
Schon Wolfram spielt auf dies unaufhörliche Anrufen der Freunde
als für unseren Dichter charakteristisch an: Wh. 312,12 het
ez hêr Nithart geschen — er begundez sinen friunden klagen.
58,35 ist daraus eine halbe, 65,26 eine ganze Strophe gemacht,
aus lauter Wiederholungen zusammengesetzt und charakteristisch
für die Mühe, die der gealterte Dichter sich gab, den Minnesingern die Kunst abzulernen, mit der sie einen einzelnen
Gedanken ausspinnen; was sonst eine kleine Hilfsformel gewesen,
wird bis zu einer elfzeiligen Strophe ausgedehnt. Für die Art
wie er, nur an Fortschritt der Handlung gewöhnt, hier den
Gedankengang zu fördern sucht, ist es bezeichnend, wenn er
65,32 in direktem Widerspruch zu der vorhergehenden Zeile
eine Reminiscenz aus einem wenig früheren Lied (60,2) an-
hängt, dabei das Wort vreude wegen 31 durch eine Formel
ersetzt und nun gleich diese Formel, wenig verändert, 35
wiederholt; ebenso wird das Wort triuwe von 29 hier nochmals
gebraucht. —

Ueber die Minnestrophen (von Schmolke S. 7, jedoch nicht
vollständig, aufgezählt) ist Einzelnes kaum zu bemerken; aus
der Zusammenstellung der dort angewandten Termini und
Formeln ging nicht nur ihre von vornherein höfische Färbung,
sondern auch das allmähliche Hineinarbeiten in den immer

correcter nachgeahmten Minnestil deutlich hervor. 37,8 f. beziehen sich die Lobsprüche noch auf eine mit Namen genannte
und ausführlich geschilderte Bäuerin, und hier klingt das Lob
noch nicht höfisch, ebenso wenig 41,12; aber 42,34 ist schon
völlig im Minneton (42,39 f., bes. 43,1) und gilt doch keiner
vornehmen Dame (43,5). Am Ende seiner künstlerischen
Laufbahn spricht Neidhart freilich von seiner Herrin sehr unhöfisch; aber Gegenstand seiner Sehnsucht ist hier auch seine
Hausfrau. Daher ist es leicht begreiflich, dass die Gedichte
102,32 und 103,15 von jenen hergebrachten Floskeln ganz
frei sind; wir wissen, dass man auf die Ehefrau keineswegs
die Gesetze der höfischen Kunst anzuwenden pflegte. So sehen
wir in der Art, wie von der meisterinne hier gesprochen wird,
keinen Grund gegen die Echtheit dieser Strophen. Es sind
Abschieds- und Willkommenverse ganz im Charakter der Einzelstrophen, trocken und hausbacken, aber doch sichtlich wahres
Gefühl verratend, das der alte Dichter nicht mehr künstlerisch
zu gestalten wusste. Dazu kam noch, dass die mhd. Dichter
wenig geübt darin waren, poetisch von ihren Hausfrauen zu
reden; das gelang dem einzigen Wolfram. —

Zu den Minnestrophen in enger Beziehung stehen die
Gedichte 71,11 72,24 und 96,30. Das erste ist ein lehrhaftes Gedicht über die Minne: auch hier sehen wir den
Dichter zu seinen Anfängen zurückkehren. Das Lied ist dadurch merkwürdig, dass es, vier Strophen lang, mit 72,24 das
einzige Gedicht Neidharts ist, das durch und durch höfisch
gehalten ist. Wir haben aber doch keinen Grund, die Echtheit anzuzweifeln, da der höfische Stoff hier dem Dichter die
höfische Haltung erleichtern musste. Das Gedicht hat auch
die Wortspielereien, wie besonders Hartman sie so sehr liebt
(71,19 wac 20 wâge 24 wac 26 wac 27 gewogen 31 wâge.
71,37 und 72,10 reiner wîbe minne, 71,38 minneclich, 72,2
minne). Es steht auch formell auf der Höhe eines guten
Minnegedichts, aber der gänzliche Mangel an Originalität zeigt

den Abstand von der Zeit der Jugend und Blüte. Aehnlich gleichfalls grössten Teils lehrhaft, aber voller Wiederholungen, 72,24.

96,30 ist ebenfalls lehrhaft, aber mit einem dörperlichen Zug. Das Gedicht ist recht interessant: die Minne wird gescholten, weil sie einem Bauern den Ring gewährt, den sie dem Ritter verweigert; die Minne aber, die hier angeredet wird, ist nicht jene blasse Abstraction der Minnesinger, sondern eine lebensvolle Allegorie der bäuerischen Minne; sie trägt einen riutelstap und ein haerin vingerlin und schmeichelt dem Knecht. — Die ganze Gruppe dieser höfisch gehaltenen Lieder wäre in den beiden früheren Perioden undenkbar, selbst noch im Beginn der dritten unwahrscheinlich.

Dasselbe gilt von den sogenannten Werltsüezetönen 65,37 82,3 86,31 95,6, die an sich schon in ihrer Stimmung Neidhart's Alter bezeichnend vertreten. Einen Fortschritt zeigen sie insofern, als 65,37 (eins der glättesten und correctesten Lieder unseres Dichters, auch in der Strophenform der höfischen Manier genähert) die Aufsage an die Welt noch als Nebenmotiv hat, die andern als Hauptmotiv. Der Ton arbeitet sich von der masslos scheltenden, in durchaus unhöfischen Ausdrücken sich ergehenden Strafrede an die Welt 82,15 f. durch eine immerhin noch heftige, aber doch mässigere Scheltrede 86,23 f. zu der kurzen und milden Mahnung 95,24 f. durch. — Ueber die merkwürdige Verbindung dieser poetischen Beichten mit neuen Dörpererzählungen ist hier nicht zu handeln.

Endlich mit den Weltsüssentönen verwandt und wie sie für die dritte Periode bezeichnend ist die Zeitklage 85,6 f. —

Bei all den bisher besprochenen Strophengruppen aus Neidhart's Winterliedern lag durchaus kein Grund vor, ausserdeutsche Einwirkung anzunehmen; aus dem Gesang teils des Volks teils der Kunstdichter in Deutschland liess sich alles herleiten. Dagegen haben einige andere Gedichte Neidharts allerdings, wie mir scheint, in der deutschen Dichtung kein

Analogon, das so genau entspräche wie gewisse französische
Vorbilder. Wackernagel hat ja ursprünglich die ganze Dichtung
Neidhart's von der altfranzösischen Pastourelle herleiten wollen
(Altfranzösische Lieder und Leiche S. 182 f.), später in dieser
doch „den ersten Anstoss der neuen Schöpfung und noch gewisser deren Empfehlung bei Hofe" sehen wollen (Litteraturgeschichte 72,6.) Die Frage, wieweit dies zuzugestehen sei,
hat dann nach Schröder (S 56) und Schmolke (S. 7) besonders
eingehend Tischer behandelt; er kam zu dem Resultat: „Neidhart sang seine Lieder unabhängig von den französischen.
Immerhin kann jedoch zugegeben werden, dass er die Pastourellen
gekannt und durch sie die Anregung zu seiner Dichtungsart
erhalten habe" (S. 63). Ich kann mir diese Wiederholung von
Wackernagel's Ansicht nur als übergrosse Vorsicht erklären,
denn nachdem Tischer für fast alle Winterlieder nachgewiesen
hatte, wie gering und äusserlich die Aehnlichkeit mit den
Pastourellen ist, hätte er den letzten Satz wohl fortlassen
können. Ein Gedicht wie 38,9, d. h. grade das älteste Winterlied, hat von allen charakteristischen Eigentümlichkeiten der
Pastourelle nicht eine einzige. Ich habe auch meinerseits
Neidharts Lieder mit den Pastourellen eingehend verglichen
und finde die Zahl der Züge, die aus den Pastourellen nicht
hergeleitet werden können, ebenso wie die derjenigen, die unser
Dichter bei Nachahmung der altfranzösischen Lieder nicht
ungenutzt gelassen hätte, so bedeutend und diese Züge selbst
so tiefgehend, die wirklich vorhandenen Aehnlichkeiten aber
so selten und so wenig beweisend, dass mir ganz unglaublich
erscheint, wie aus einer Nachahmung jener Lieder diese hätten
erwachsen sollen. Wir haben ja bei den Minnesingern nicht
so selten Lieder, die provenzalische, selten altfranzösische Muster
nachbilden, aber das sind dann eben wirklich nur freie Um-
gestaltungen, nicht selbständige Bildungen mit gelegentlichen
Anklängen. Die nähere Vergleichung mit der Pastourelle
würde indess von unserem Thema zu weit abführen; so genügt

uns, dass wir bis hierher aus der doch jedenfalls dem Schöpfer
der höfischen Dorfpoesie näherliegenden deutschen Volksdichtung alles ableiten konnten, was Neidhart's Poesie von der
der Minnesinger unterscheidet.

Aber das scheint allerdings zu weit zu gehen, wenn
Liliencron (S. 83 Anm.) und Gosche (S. 215) alle Lieder
Neidharts vom Einfluss der Pastourellen frei glauben; einige
Gedichte scheinen diesen doch zu verraten, aber nur wenige
und keineswegs die ältesten. Zuerst hat Schmolke (S. 7) für
ein einzelnes Winterlied Neidharts allerdings weitgehende
Aehnlichkeit mit den Pastourellen nachgewiesen: für 46,28.
Ein bestimmtes Vorbild lässt sich nicht aufzeigen; aber der
Gang der Erzählung stimmt ebenso sehr zu jenem Muster
als es von der Art der übrigen Winterlieder vor allem durch
die straffe Einheit der Composition abweicht. Freilich ist
der Ton viel derber als in den Pastourellen, dies aber ist
aus Neidharts Gewöhnung hinlänglich erklärt. Und jene
vollkommene Abrundung der Handlung scheint mir nur aus
fremdem Muster zu erklären; denn dass sie in seinen Winterliedern (ausser den noch zu erwähnenden) keine Analogie
hat, wissen wir schon und es ist kaum denkbar, dass ein
solcher Fortschritt bei der Masse der späteren Winterlieder gar keine Spuren hinterlassen hätte, wenn nicht eben,
wie bei den Kreuzliedern, ein vereinzelter Fall von Nachahmung eines sonst nicht benutzten Vorbildes vorläge. Mit
den Kreuzliedern hat dies Lied Schmolke denn auch chro-
nologisch zusammengestellt und so ist aus der Unzufriedenheit
mit den Erfolgen im Lager die Nachahmung auch trefflich
zu erklären. Die Handlung, ohne jede Beziehung auf Tanz
oder Dörperspott, ist im Wesentlichen im Stil der Pastourellen;
auch die blasse Bezeichnung des Mädchens als ein wip 47,1
erinnert mehr an die typischen Schäferinnen als an Neidharts anschauliche Gestalten. Auch die schleppende Construction der beiden ersten Strophen (46,28 f. die - die -

diu - diu - des - die, 46,38 f. die - den - diu - doch - daz - doch), die sonst fast bloss in ganz späten Liedern ihres Gleichen hat, klingt, als habe der Dichter mit der ihm ungewohnten Art zu ringen gehabt. Endlich sprechen noch mehrere Anklänge an höfische Dichter grade in diesem Lied für seine Sonderstellung.

Diesem Gedicht geht 44,36 in der Handschrift R und bei Haupt unmittelbar voraus und es wäre möglich, dass wir hier ein Eindringen der Pastourelle vor uns haben, aber noch keine Nachahmung; in diesem Falle wäre also auch dies Gedicht der Kreuzfahrt zuzuweisen. Dafür spricht auch die Aehnlichkeit von 46,16 mit 13,7. Möglich auch, dass es der doppelten Einleitung wegen schon als eine wirkliche, aber nicht geglückte Nachahmung anzusehen ist. Auf den schon besprochenen Eingang folgt eine Erzählung, die 45,20 noch sich an ein kurzes Tanzlied anschliesst und die vollkommen abgerundet ist, wenn man 46,27 als Schluss fasst. Aber 46,17 war offenbar als Schluss gemeint, denn ausser der Pointe 46,16 beweisen die Strophen 45,38 und besonders 46,8, dass 46,18 ursprünglich nicht dazu gehörte. Der Dichter lernte also erst später, eine Erzählung als abgeschlossenes Ganzes durchzuführen. So trägt auch das Gespräch mehr noch den Charakter der andern Winterlieder (Tanz 45,20 46,23 Verbot des Raunens 45,20 wie 37,34 44,2 vgl. 73,35 77,23 90,5 98,22.39 Matze tritt 46,23 auf wie Elle 38,2) als den des pastourellenartigen Gedichts.

Wieder ein durchaus abgeschlossenes Bild bietet 48,1. Das scheint nun eine Nachahmung der Pastourelle an einheimischem Stoff versucht; denn das Motiv ist das von Neidhart oft benutzte, dass dem Mädchen etwas aus der Hand gerissen wird. Hier fehlt jede Beziehung auf den Tanz; auch die Sprache ist weniger dörperlich, die Minnestrophen und das dialogisch ausgesponnene Bild (wie denn die Sprache des Dialogs von 44,36 über 46,28 zu 48,1 stetig fortschreitende

Annäherung an die höfige Wechselrede beweist) 48,24 f. zeigen höfische Einwirkung: die beiden Schlussstrophen sind vortrefflich.

Endlich 58,25 ist eine Strophengruppe dieser Art mit andern Elementen verquickt; hier also hört die Nachahmung auf, selbständigen Raum einzunehmen und wird nur nebenher angebracht. Hier aber liegt möglicherweise directe Bearbeitung eines französischen Originals vor. Die Handlung ist so unbedeutend wie möglich: ein getelinc will einem Mädchen durchaus den Spiegel zeigen den er im Schwertknopf hat und diese hat keine Lust ihn anzusehn (vgl. Wackernagel Kl. Schr. I 130). Das ist vielleicht eine Episode aus einem romanischen Gedicht, in denen ähnliche Situationen häufiger scheinen (s. Bartsch Altfrz. Romanzen und Past. II 12,4 Raynouard unter Miralt III). —

Bei diesen Gedichten halte ich also eine Nachbildung der Pastourellen für wahrscheinlich, weil ich vor ihnen in der deutschen Dichtung kein Beispiel eines derartigen abgeschlossenen und ganz vom Tanz abseits liegenden Genrebildes kenne. Um ihre Eigenart deutlicher zu zeigen, stelle ich diejenigen beiden früheren Stücke Neidharts daneben, die diesen noch am meisten ähneln. 37,29 ist an die Berufung einer bestimmten Tänzerin nach einem Lob derselben, das ganz im Volkston gehalten ist, ein Gespräch mit dem Bauernmädchen geknüpft, in dem allerdings die Ablehnung der Jungen an die Wechselreden in jenen vier Gedichten erinnert, aber die Namenhäufung und vor allem der stumpfe Schluss den Endpointen jener Lieder gegenüber beweisen, dass statt einer abgerundeten Handlung hier nur ein kleines Bild, wie Neidhart sie so oft hat, vorliegt. Auf eben solch ein Gespräch bezieht 42,14 sich zurück, dies aber eben nur eine Strophe unter andern Dörperstrophen und ganz im Stil der Spottliedchen, nicht anders schliesslich als die Art, wie 99,20 auf eine Rede der Gebieterin zurückgegriffen wird, und durchaus nichts Abgeschlossenes.

Halte ich nun aber auch aus den angeführten Gründen
bei jenen vier Gedichten Beeinflussung durch die Pastourellen
für wahrscheinlich, so muss ich doch hinzufügen, dass selbst
hierfür die Sicherheit mir eine weit geringere scheint als für
die Unabhängigkeit der andern Lieder unsers Dichters. Weit
eher konnte er selbständig von seinen altvolkstümliche
Liedchen höfischer Form annähernden Gedichten zu ähnlichen
Gestaltungen wie die Pastourelle gelangen, als er, von diesen
ausgehend oder auch nur angeregt, jede mehr als äusserliche
Aehnlichkeit mit den Pastourellen vermeiden konnte. Ja sogar
bei dieser Unabhängigkeit bleibt auffallend, dass seine Gedichte
nicht mehr in das Geleise ihrer altfranzösischen Pendants
gerieten, da doch auch diese wenn nicht grade höfische Dorfpoesie doch höfische Schäferdichtung darstellen. Was ihn
aber davon fernhielt, war eben der enge Anschluss an das
deutsche Volkslied.

Jene vier Lieder gehören dem Uebergang zur Blütezeit (44,36
46,28), der Blütezeit selbst (48,1) und dem Beginn des Verfalls
(58,25) an. Die Stellung der beiden ersten ist schon gewürdigt;
dass auch die andern der Zeit der höchsten Kunstvollendung
nahestehn oder angehören, begreift sich leicht, da es hier den
Dichter besonders anziehen musste, selbst in den Winterliedern
Proben strenger Kunst auch im Aufbau zu zeigen. —

Wir haben nun die Strophengruppen aus Neidharts Winterliedern sämmtlich betrachtet und aus ihnen zu gewinnen
gesucht, was sie irgend für Neidharts dichterische Entwicklung
ergeben könnten; kleine Abschweifungen liess die Eigenart
dieser Stücke dabei nicht ganz vermeiden. Ueberblicken wir
nun, was sich hierbei ergab, so ist das zunächst klar, dass
ein so gradliniges Aufsteigen und Sinken wie in den Reien
sich hier nicht constatiren lässt; doch das war bei diesen
Gedichten von vornherein zu erwarten, weil sie das Hauptgewicht statt auf die Form auf den Inhalt legen. Am
deutlichsten trat auch hier die Zunahme und dann wieder die

Abnahme der dichterischen Fähigkeit in der Kunst, Beschreibung durch Handlung zu ersetzen, hervor. In dem Bestreben zu individualisiren konnten wir einen Fortschritt von allem Anfang an, wie dort, hier nicht erblicken, teils weil zu der Zeit, in der die Winterlieder beginnen, Neidhart darin schon eine gewisse Höhe erreicht hatte, teils weil der Ursprung der Winterlieder schon für die ältesten speciellere Züge forderte; dagegen sahen wir auch hier das allmähliche Abnehmen dieser Tendenz. Mit Motiviren hat der Dichter in diesen locker componirten Stücken sich wenig abgegeben. Mit den Sommerliedern stimmt dagegen wieder die zunehmende Neigung, mehrere einzelne Lieder zu einem grösseren Ganzen zusammenzufassen, überein. Bei Winterliedern haben wir überhaupt nur in der dritten Periode Bezugnahme von einem Lied auf das andere: 52,3 bezieht sich auf 39,35 (Haupt S. 160), 75,8 auf 39,10 (Schmolke S. 38), 88,28 auf 84,23, 91,18 auf 61,8, 96,12 auf 62,26, in demselben Gedicht 95,6 noch 96,29 auf 98,10 (denn 95,6 gehört hinter 97,9 s. Haupt S. 229); 88,20 und 91,8 spielen auf 86,1 wenigstens an, 91,4 auf 74,18; bis auf den ersten Fall entstammen diese Anspielungen sogar schon sämmtlich der österreichischen Zeit. — Werden aber durch solche Beziehungen immer nur ein paar Gedichte, sei es zu einem strenger geeinten Cyklus, sei es zu einer loser zusammengefügten Gruppe vereinigt, so hat ausserdem unser Dichter noch versucht, seine späteren Winterlieder überhaupt zu einer Einheit zusammenzufassen, indem er sie alle von jener Spiegelgeschichte datirt, in der Tat ja dem festem Punkt, um den sich seine Dichtung gruppirt. Hierin ist etwas jenem Streben ins Grössere Verwandtes, das sich in der mhd. Dichtung jener Zeit in analoger Verschmelzung verwandter Einheiten kurz vorher in der Compilation der Nibelungennot geltend gemacht hatte, das Freidank dazu gebracht hatte, Hunderte von einzelnen Sprüchen zu seiner Bescheidenheit zu verarbeiten. —

In der allerletzten Zeit häuft der Dichter derartige Vergleichungen und Rückbeziehungen, so besonders 88,27 f.
91,18 f. (vgl. auch 65,3 74,15 81,14—98,36 96,12 f. 28).
Auch wirkliche Wiederholungen sind wohl, selbst von eigentlich
Formelhaftem abgesehn, bei keinem mittelhochdeutschen
Dichter so häufig wie bei Neidhart (4,16—10,32 11,5—37,22
13,8—15,26—28,7 vgl. auch 26,8 25,7 = 29,24 43,8—49,8
47,32—48,29 50,1—57,15 s. Haupt zu 50,1 67,18—92,9
vgl. auch 47,28; doch ist dies vielleicht formelhaft. 77,12
—100,39 79,7 = 94,1, vgl. auch Stellen wie 79,8 91,3 und
96,25, 33,2 60,18 und 71,22, ja selbst innerhalb des typischen
Natureingangs noch Fälle wie 5,10 — 14,23 — 19,9 — 23,1).
Aber dies erstreckt sich gleichmässig durch alle Perioden.

Eine gute und sichere Bestätigung unserer Beurteilung
der Winterlieder finden wir noch, wenn wir die recht zahlreichen wörtlichen Anlehnungen an andere Dichter zusammenstellen, die wir bei Neidhart finden und denen wir denn die
seltneren Beispiele aus den Reien gleich anschliessen. Ich
stelle hier alle derartigen Anklänge zusammen, die ich bei
Neidhart irgend gefunden habe.

N. 11,21 sô wol dir, diutschiu zunge!

W. 9,8 sô wê dir, tiutschiu zunge! vgl. Wilmanns Ausg.
zu 49,42.

N. 12,3 des tûsent herze wurden geil.

W. 73,9 tûsent herze wurden frô, s. Wilmanns Ausg. zu 12,17.

N. 35,13 daz zimt wol den jungen.

W. 87,10 daz zimt wol dien jungen, s. Wilmanns Ausg.
zu 62,10.

N. 38,29 Wol bedörfte ich miner wisen vriunde rât.

Reinm. 169.20 wol bedörfte ich wiser liute an minen
rât (vgl. auch N. 99,29 s. u.)

Mehrere Stellen in 44,36; schon der Natureingang:

N. 45,1 ich sihe die bluomen rôt vor dem walde trû-
riclichen stân.

Reinm. 183,33. Ich sach vil wunniclichen stân
>> die heide mit den bluomen rôt,

doch beruht dies wohl auf der gemeinschaftlichen Benutzung der alten Formeln, ebenso z. B. 196,22 wie N. 96,13 u. s w. (vgl. Wilmanns Ausg. zu 2.40 u. a.): dann weiter:

N. 45,29 machet mir daz beiten niht ze lanc könnte Reinm. 173,22 parodiren:

>> si weiz wol, swie lange si mich biten lât, daz ichz doch der bitende bin; steht hier nur das ähnlich klingende biten, so können Stellen wie 165,24—25 beiten, 189,33 biten (vgl. auch 200,4) mitgewirkt haben; endlich

N. 46,6 deist ein list.

R. 173.29 dast ein list.

Zu diesem Gedicht steht, wie gezeigt, 46,28 wahrscheinlich in naher Beziehung. Auch hier eine Reminiscenz aus Reinmar:

N. 47,33 ich muoz dicke ir schimphes vil gelachen.

R. 200,29 daz ich siner schimphe müese lachen (Erich Schmidt S. 74 spricht dies Lied Reinmar ab).

Auch die folgenden Zeilen könnten eine Anspielung auf Reinmar enthalten:

N. 47,34 waz dar umbe, was mir wê?

R. 169,11 waz dar umbe, valwent grüene heide? vgl. auch R. 159,12: waz dar umbe? daz lide ich.

Zu derselben Gruppe gehört 48,1; hier 48,7 zuerst der Ausdruck herzen küneginne vgl. R. 150,27, das gezierte liebez ende bringen 48,3 vgl. R. 157,36 liebez ende geben, R. 174,13 und N. 69,32 zende komen, ferner R. 182,37 190,16; vgl. auch N. 60,6 s. u.

N. 53,9. Der ich holdez herze trage.

· R. 184,24. Deich ir sô holdez herze trage.

N. 55,18 jâ ist sî über mich ein her.

R. 172,10 in dünkt min einer lip ein ganzez her.

N. 56,8. Der ich her gedienet hân von kinde und noch ouch in dem willen bin. —

W. 57,15. Der ich vil gedienet han und iemer mêre gerne dienen wil, vgl. Wilmanns Ausg. zu 52,41.

N. 60,6 wünschet mir durch got daz si mir ein liebez ende gebe.

R. 157,36 noch bitte ich daz si mir liebez ende gebe vgl. o. zu 48,1.

N. 63,39 Dienest âne saelikeit.

R. 199,10 dienest âne saelikeit.

N. 67,11 von dem ungelingen singe ich ie von schulden wê.

Joh. 90,26 dicke hân ich wê'gesungen.

N. 67,19. Sumer unde winder
          sint mir doch geliche lanc.

R. 155,4 mirst beidiu winter und der sumer alze lanc vgl. auch N. 67,22 und R. 155,14.

N. 67,30 nu ist ir vrâge wes ich tumber ger.

R. 160,22. Mîn rede ist alsô nâhen komen
           dazs erste vrâget des
           waz gnâden si der ich dâ ger.

N. 71,17 sô gêt mir mîn leben hin.

N. 72,36 sus . . . gât diu wîle hin (wieder in zwei Liedern desselben Tons).

R. 174,22 sus gât mir mîn leben hin; vielleicht in demselben Gedicht 71,11 noch zu vergleichen:

N. 71,25 innerthalp des herzen tür.

R. 161,38 innerhalb der tür.

N. 77,5 swenne ir alle sprechet ‚sinc‘.

R. 164,10 si saelec wîp enspreche ‚sinc‘ vgl. N. 40,1; Er. Schmidt S. 48 vergleicht auch N. 59,4.

N. 93,15 Von hinne unz an den Rîn,
         von der Elbe unz an den Phât.

W. 56,38 Von der Elbe unz an den Rîn
s. Schmolke S. 24; vgl. auch

N. 102,24 al durch der Ungerlant . . . her wider ûz und —

W. 56,38 und her wider unz an Ungerlant.

Die Erwähnung der Ungarn an dieser Stelle ist, wie Haupt zu 102,29 bemerkt, auffallend. Auch Herzog Ernst (bei Bartsch S. 13 f.) fährt durch Ungerlant (2011 — N. 102,24) und Bulgarien (2033 — N. 102,25.)

N. 93,29 scheint inhaltlich Walther's Strophe 29,4 nachzuahmen. 93,31.36.40 sind Formeln. Vgl. auch W. Grimm Vridanc S. 337 zu 43,24. —

Einige geringere Anklänge habe ich nicht mit aufgezählt, so die Formel daz ist mir getân N. 77,24 s. Haupt z. d. St. und W. 40,26 vgl. Wilmanns Ausg. zu 29,8; die Entsendung der Augen als Boten N. 66,15 und W. 99,17 vgl. Wilmanns Ausg. zu 74,11, u. a. —

Es bleibt eine stattliche Reihe. Man mag noch Stellen wie N. 38,29 45,29 55,18 77,5 als zufällig übereinstimmend streichen; aber in Fällen wie N. 11,21 63,39 67,30 71,17 wird man die Beziehung kaum läugnen können und in den Gedichten 44,36 46,28 48,1 71,11 macht die unzweifelhafte Nachahmung höfischer Art auch bei den leichteren Anklängen die Wahrscheinlichkeit der directen Anlehnung an Reinmar und Walther grösser. N. 69,39, wo der letzte Vers einer Strophe Reinmar's von Neidhart an die Spitze gestellt wird, ist vielleicht mit den entlehnten Versen des Troubadours (Diez Poesie S. 94) zu vergleichen. —

Ueberblicken wir nun die Gedichte, in denen sich diese Reminiscenzen finden, so treffen wir von den Sommerliedern nur die Kreuzlieder vertreten; doch hielten wir auch in den beiden ältesten Gedichten Anlehnung an Veldeke für wenigstens denkbar. Von Winterliedern treffen wir aus der ersten Periode das älteste 38,9, aus der zweiten 35,1; die Hauptmasse aber einerseits in jener Gruppe, die wir zu den Pastourellen in Beziehung glaubten: 44,36 46,28 48,1 (in 58,25 nichts derartiges) — andererseits Lieder aus der letzten Zeit, meist schon aus Oesterreich. Auffallend viel (drei) Stellen in 67,7, wo auch die Reminiscenz oder Formel 67,18; doch braucht auch 67,19 nicht notwendig entlehnt zu sein: vgl. z. B. die nur noch prägnanter ausgedrückte Stelle C. B. 103,5 iam hyems erit vere. — Wir finden demnach diese Entlehnungen zum grössten Teil in Gedichten, deren entschiedene Abhängigkeit von höfischen Vorbildern (oder, wie bei den pastourellenartigen, von fremden Mustern) wir schon hervorzuheben hatten. Dies gilt besonders auch von 71,11 und 72,24.

Zwei andere starke Uebereinstimmungen mit N. beruhen dagegen wohl umgekehrt auf Entlehnung aus seinen Liedern:

N. 69,1. Tumber liute vràge
　　　　müet mich sère zaller zit
　　　　wer diu wolgetàne si

Pseudo-Walther XV 25. Tumbe liute nement mich besunder
　　　　und frâgent bî
　　　　wer si sî

(vgl. W. 63,22 s. Wilmanns Ausgabe zu 46,1).

N. 88,3.6.　Sît die wisen alle heizent gotes kint

　　　　. . . . .

　　　　und der Werlde holden alle tôren sint

Freid. 75,11.　Die wisen werdent gotes kint,
　　　　die andern alle tôren sint

(vgl. Freid. 42,17—18) — denn das Liedchen Jâ waz wirt der kleinen vogeline hat noch sonst manche Anklänge an die neidhartische Art (V. 1—3. 16. 31), die schwerlich unser Dichter von hier entnommen hat, sondern das Gedicht von ihm; bei Freidank aber spricht die ganze Beschaffenheit seines Gedichts dafür, dass die Stelle aus unserm Dichter stammt, wenn es sich nicht etwa (was allerdings leicht möglich) bei beiden um alte Formeln handelt. — Auffallend bleibt, dass 69,1 demselben Ton angehört, in dem sich so viele Reminiscenzen fanden. —

Was nun die nachgeahmten Dichter betrifft, so finden wir charakteristischer Weise anfangs die beiden leitevrouwen der minnesingerischen Nachtigallenschar fast gleich stark ver-

treten, zuletzt aber beinah nur noch Reinmar. Hätte innere
Verwandtschaft entscheiden sollen — gewiss hätte er an
Walther sich näher anschliessen müssen; aber er wollte nur
äusserlich den correcten Ton sich anlernen und so wählte er
zum Lehrer den gefeiertsten und strengsten Meister, dessen
humorlose Scholastik ihm doch am allerfernsten lag. Und so
sehn wir durch Betrachtung der Gedichte, aus denen diese
Reminiscenzen stammen, unsere Auffassung von Neidharts
ganzer Entwicklung ebenso entschieden befestigt, wie durch
Vergleichung der Lieder, in denen sie sich finden, unsere
Ordnung und Beurteilung von Neidharts Gedichten. —

Schluss.

Werfen wir nun noch einen Blick zurück auf die Ge-
sammtentwicklung von Neidharts Dichtungen, wie sie sich
uns ergeben hat, übersehen wir, wie er von lehrhaftem
Minnegespräch zu lebendigen Bildern aus dem Volksleben
aufsteigt, um schliesslich wieder zur Minnelehre zurückzu-
kehren —, wie er von der Abhängigkeit von höfischen
Mustern zur Begründung einer originellen Richtung sich
durcharbeitet und am Ende doch wieder Schüler der Minnesinger wird, ja ihnen mit noch geringerer Selbständigkeit als
in der Jugend nachgeht —, wie er von der Sentimentalität
sich zum Humor aufschwingt und doch in düsterer Trauer
und bitterem Spott seinen Ausgang findet, so werden wir in
all dem eine klare und bestimmte Uebereinstimmung aner-
kennen müssen, die unsere Periodeneinteilung rechtfertigt.
Gewannen wir überall aus der ersten Periode Beispiele des
Aufsteigens, aus der zweiten der Blüte, aus der dritten des
Verfalls, so dürfen wir diese drei Perioden, wie wir sie fixirt
haben, wohl als sicher annehmen und, da auch innerhalb der
einzelnen Gruppen sich so oft die Fort- und Rückschritte
beobachten liessen, auch für diese eine wenn auch geringere,
doch nicht geringe Sicherheit annehmen; die Stellung jedes

einzelnen Gedichts verbürgen zu wollen, wäre natürlich un-
berechtigt. Auch das wird man nicht läugnen können, dass
jene Entwicklung genügende innere Wahrscheinlichkeit besitzt,
um solche Folgerungen zuzulassen. Der Schöpfer der höfischen
Dorfpoesie kennzeichnet sich schon als solcher als eine jener
interessanten Gestalten, die auf der Grenzscheide zweier
Epochen stehend — hier am Ausgang der mittelhochdeutschen
Blütezeit — Elemente beider in sich vereinigen und sie doch
nicht, wie die grossen Meister auf der Höhe der Blütezeiten,
zu verschmelzen vermögen. So zeigt Neidhart in der Tat
volkstümlichen Stoff und höfische Form, das Volksleben mit
den Augen eines Höflings gesehen, das Volkslied mit der
Kunst eines Minnesingers bearbeitet — wir werden nicht
erstaunen, wenn wir ihn schwanken sehn und wenn der Ton
der Kreise, denen der Ritter und Hofdichter doch eigentlich
angehörte, schliesslich überwiegt und den hochbegabten Neuerer
in die alten Bahnen wenigstens äusserlich zurückzwingt. Wir
werden es noch weniger auffällig finden, wenn die erlahmende
Kraft des Dichters Fortschritte vergessen lässt, die wachsende
Fertigkeit ihm einst ermöglicht hatte. Fiel ähnlich doch
seine Schöpfung selbst, die höfische Dorfpoesie, in den
Händen seiner Nachahmer zurück in den unhöfischen Ton,
dem sie entstammte, nun freilich mit Vergröberung und Ver-
schlechterung durch unwürdige Pfleger; sie ging, wie Walther
ihr gewünscht hatte, zu den Bauern zurück, von denen sie
hergekommen war. Denn mir scheint allerdings wahrscheinlich, dass das vielumstrittene Lied Walther's 64,31
gegen die höfische Dorfpoesie gerichtet ist, wenn ich dies
auch nicht für streng beweisbar halte. —

Das Bild, das wir aus unserer Chronologie der Lieder
ableiteten, um dieselbe dadurch mittelbar zu prüfen, hat
also in der Tat zur Bekräftigung derselben geführt. Kehren
wir nun noch einmal zu derselben zurück, um jetzt auch die
Frage zu beantworten, ob die unrichtige Folge der Sommer-

lieder in der Handschr. R., der Grundlage für Haupt's Ordnung, nichts gegen deren Stellung der Winterlieder beweist.

Wir hatten schon darauf geantwortet, dass die Sammlung
ursprünglich nur Winterlieder umfasst zu haben scheint und
dass die Reien zum grössten Teil erst nachgetragen wurden.
Wir wollen die Reihenfolge der Riedegger Handschrift jetzt
an der Hand der gewonnenen Ergebnisse daraufhin prüfen.

Betrachten wir zunächst die dreizehn ersten Gedichte
der Handschrift R. Wir haben hier die Winterlieder 75,15
73,24 (53,35) 78,11 (67,7) 79,36 (55,19) 82,3. Diese
Lieder sind ausser 53,35 und 55,19 österreichisch, 67,7
österreichisch oder wahrscheinlicher noch bairisch; es sind
ferner wohl die ältesten österreichischen Lieder, 73,24 und
75,15 sicher, während bei den andern wenigstens nichts
gegen die Richtigkeit der Reihenfolge spricht. Wir haben
ferner hier die Sommerlieder 31,5 9,13 32,6 10,22 11,8.
Davon sind 31,5 und 32,6 in Oesterreich entstanden und
zwar (ausser der Einzelstr. 30,26) die ältesten dort gedichteten Reien. Die drei andern Reien dagegen sind viel älter,
aber 9,13 affectirt, wie wir sahen, ganz den Minneton und
steht überhaupt in mancher Hinsicht den spätesten Gedichten
nahe, und 11,8 ist eins der Kreuzlieder, die höfischer gehalten sind als andere gleichzeitige Gedichte Neidharts.
Auf diese Weise mochten die beiden Reien unter die gleichfalls höfischen Ton erstrebenden Lieder aus der letzten
Periode des Dichters geraten oder, was mir noch glaub-
würdiger scheint, der Dichter wollte vielleicht ursprünglich
überhaupt nur die Lieder sammeln, die seinem damaligen,
in Aeusserlichkeiten höfischen Ton verlangenden Geschmack
zusagten — deshalb so wenige Sommerlieder; 10,22 könnte
als eins der unschuldigsten aufgenommen sein, ist übrigens
hinsichtlich seiner Zeit nicht genau zu bestimmen. So
könnten denn auch jene beiden älteren Winterlieder wegen
ihrer besonders stilgerechten Minnestrophen 55,10 und 56,8 hier

11

ihren Platz gefunden haben; für 69,1 f. könnte dies nicht der Grund sein.

Nun kommen zwei Reien der Jugendperiode 14,2 und 15,21 und zwei Winterlieder der Blütezeit 49,10 und 48,1. Dann wieder eine Reihe österreichischer Winterlieder: 85,6 86,31 89,3, unterbrochen durch das Kreuzlied 13,8, dann 16,38, für das in geringerem Grade dasselbe gilt wie für 9,13. R. 18—22 wäre also eine R. 1—13 ganz entsprechende Zusammenstellung; zwischen beide Sammlungen einige andere eingeschoben. 48,1 ist eins von den pastourellenartigen Liedern, also vielleicht wie das Kreuzlied noch von dem Dichter selbst in dies Liederbuch aufgenommen, so dass nur zwei Reien und ein Winterlied von andern zugefügt wären.

69,25 kann Baiern oder Oesterreich angehören. Dann R. 25—36 lauter österreichische Lieder, bunt durcheinander, 37 ein unechtes. Hierauf R. 38—46 wieder eine Reihe österreichischer Lieder 92,11 95,6 97,9 99,1 101,20; dazwischen nur Winterlieder: 62,34 bairisch oder österreichisch; 43,15 48,1 aus der Blütezeit, 52,21 Beginn der dritten Periode. 101,20 ist das späteste in R. enthaltene Gedicht (ausser 33,15) und hiermit ist offenbar die ursprüngliche Sammlung abgeschlossen. Denn es folgt ein früheres Winterlied 64,21 und dann R. 48—58 lauter Reien, diese in unzweifelhaft falscher Folge, denn 33,15 ist z. B. sicher das späteste Gedicht Neidhart's und also 20,38, einem Jiutelied, und 28,1 und 28,36 nachzusetzen.

Nach dieser Uebersicht scheint sicher, dass wir eine von Neidhart redigirte Sammlung in mehreren Teilen in R. leidlich erhalten vor uns haben: R. 1—13 älteste österreichische Lieder; in dies Buch sind durch den Dichter selbst oder sonst einige ältere ähnlich klingende Lieder aufgenommen (67,7 entweder ein frühes österreichisches Lied, oder später an die falsche Stelle gerathen). Zu dieser Sammlung ein kleiner Nachtrag: vier Gedichte (oder drei: vielleicht 48,1

im Liederbuch selbst), die Neidhart für besonders gelungen
halten mochte. Zweites Liederbuch: R. 18—22, ganz derselben Art wie das erste; an diese kleinere Sammlung ein
grosser Nachtrag von älteren Liedern (durch Neidhart oder
Andere) angefügt. Dritte Sammlung: R. 28—46, letzte
österreichische Lieder, dazwischen wieder einige ältere, aber
nun, wo der Dichter von den eigentlichen Reien sich ganz
abgewandt hat, nur Winterlieder. Hierauf endlich, wahrscheinlich also nicht von ihm besorgt, ein grosser Nachtrag
von Frühlingsliedern.

Mir scheint, dass so die Zuverlässigkeit von R. in den
österreichischen Winterliedern bei Unzuverlässigkeit in der
sonstigen Reihenfolge und die Ordnung der Riedegger Handschrift überhaupt sich zwanglos erklären lässt. Es trifft sich
glücklich, dass grade bei den in zerstörter Folge überlieferten
Reien die Stetigkeit der Entwickelung in der Technik eine
Chronologie von annähernd gleicher Gewissheit ermöglicht,
wie für die nicht so consequent fortschreitenden Winterlieder
die Ordnung der Handschriften sie gewährt. Und daher ver-
danken wir es diesem Zusammentreffen, wenn unsere mehr-
fache Nachprüfung die Ordnung der Lieder Neidharts
mindestens in den grösseren Gruppen als eine nahezu sichere
bezeichnen konnte. —

THESEN.

1. Die älteste Poesie ist als Improvisation in dem Sinne aufzufassen, dass sie auf stehenden Formeln beruhte, die verändert und auf den einzelnen Fall angewandt wurden.

2. Von diesen Formeln haben einerseits die Naturbeschreibung besonders als Gedichteingang und andererseits die Didaktik sich am spätesten und unvollständigsten entfernt.

3. Die Betrachtung dieser Formeln als der Wurzeln aller vorhandenen Poesie hat den Grundstock der vergleichenden Poetik (vergl. Scherer Anz. f. d. Alt. I 199 f. Haupt ebenda II. 322 f.) zu bilden.

4. Die Verse Spervogels MF 25,30—31 sind nicht so zu verstehen, wie Steinmeyer, Anz. f. d. Alt. II 141 will, sondern so: „Was der einem braven Mann nicht gab, das konnte der Begehrende überhaupt nicht erlangen."

5. In den Versen Veldeke's MF 65,8 (vergl. Anm. S. 259) hat springen wie oft bei Neidhart den Sinn „Reien tanzen" und die Stelle ist analog dem Sprichwort: „Wenn dem Esel zu wohl ist, geht er auf's Eis tanzen" (vergl. Wander Deutsches Sprichwörter-Lexikon I S. 869 IV 400; schon mhd.) zu verstehen.

6. Carm. Bur. 159, 4, 3 ist statt vivens videns zu lesen.

7. In Lessing's Fabel von den drei Ringen ist der Zug, dass der Ring vor Gott und Menschen den beliebt macht, der ihn trägt, nicht erfunden, sondern alter Tradition entnommen (vergl. Drei mittelhochdeutsche Gedichte her. von K. Schädel Hannover 45, S. 22 f. Kleine Gedichte von dem Stricker, her. von K. A. Hahn XI S. 117 f.) und nur mit jener Fabel verflochten.

8. Die Situation in Goethe's Faust (her. von Loeper) V. 367 f. steht unter dem Einfluss von J. G. Jacobi's Singspiel „Elysium" Ende des achten Auftritts.

VITA.

Natus sum Ricardus Mauritius Meyer a. d. III. Non. Jul. anni MDCCCLX, patre Friderico negotiatore, qui ante duos annos defunctus est, matre Elika e gente Jacobsen Moenofrancofurtensi. Fidei addictus sum mosaicae.

Postquam primis litterarum rudimentis imbutus initio gymnasium Guilelminum Berolinense frequentavi, corporis infirmitate quominus in ludum litterarium irem impeditus domi sum instructus; rursus meliore corporis statu gymnasium Fridericianum Berolinense frequentabam, cuius cum multis magistris tum praeceptori de me optime merito Ernesto Voigt gratias ago. Testimonio maturitatis impetrato tempore verno anni MDCCCLXXVIII egressus auctumno eiusdem anni in civium universitatis litterariae Lipsiensis numerum receptus sum, ubi studio philologiae germanicae Braune, Hildebrand, Zarncke viris amplissimis docentibus me dedi praetereaque scholis virorum doctissimorum Brugman, Carus, Curtius, Springer, Windisch studiose interfui. — Inde auctumno anni MDCCCLXXIX Berolinum redux ab illo tempore Fridericae Guilelmae universitatis civis virorum illustrissimorum Müllenhoff, Roediger, Scherer, Schmidt, Weber, Zeller, Zimmer scholis interfui.

His omnibus, quos nominavi, viris de me optime meritis, praecipue autem praeceptori dilectissimo Guilelmo Scherer gratias quam maximas et hoc loco ago et numquam non habebo. —